Hans Bayerl

Textknacker

7.-9. Jahrgangsstufe

Lesetexte besser verstehen

ISBN 978-3-89291-**526-3**

I. Grundvoraussetzungen zum richtigen Schreiben
1. Die häufigsten Wörter der deutschen Sprache
2. Zusammengesetzte Kleinwörter

II. Nachdenkwörter
1. Wörter mit doppeltem Mitlaut
2. Wörter mit ck oder tz
3. Wörter mit ie
4. Wörter mit ä oder äu
5. Wörter mit b, d, g oder h am Wortende

III. Merkwörter
1. Wörter mit Dehnungs-h und doppeltem Vokal (aa, ee, oo)
2. Wörter mit ss und ß
3. Wörter mit dem ks-Laut (x, chs, ks, cks, gs)
4. Meine Merkwörterliste

IV. Fremdwörter
1. Einführung
2. Aussprache, Schreibweise und Bedeutung von Fremdwörtern
3. Der i-Laut in Fremdwörtern
4. Fremdwörter mit V/v
5. Fremdwörter mit Y/y
6. Fremdwörter mit Ph/ph und Th/th
7. Wortbausteine am Wortanfang von Fremdwörtern
8. Die wichtigsten Endbausteine bei Fremdwörtern
9. Fremdwörter mit zwei Schreibweisen
10. Fremdwörter und ihre Bedeutung
11. Fremdwörter (Merkwörter)
12. Fremdwörter (Denk- und Merkwörter)

V. Wortbausteine erkennen und ganz ausschreiben
1. Wortstamm und Wortfamilie
2. Vorsilben und Kurzwörter
3. Nachsilben
4. Übersicht über Wortbausteine
5. Zusammengesetzte Wörter
6. Schwierige Nahtstellen bei abgeleiteten und zusammengesetzten Wörtern
7. Der Fugenbaustein
8. Mehrfachstrategien bei abgeleiteten und zusammengesetzten Wörtern

VI. Zur wirksamen Bekämpfung von Fehlern
1. Häufige Fehlerwörter
2. So verbessere ich richtig
3. Im Wörterbuch nachschlagen

VII. Übungstexte zu den Rechtschreibstrategien
1. Die Erde ist eine Kugel
2. Die Märtyrer-Lüge
3. Ausländer erwünscht
4. Immer mehr Waren „Made in China"
5. Fahrzeug oder Stehzeug?
6. Prüfungen gehören zum Leben

Rechtschreibstrategien 7.-10. Bd. I
Nr. 393 *108 Seiten* € 18,90

1. Groß- und Kleinschreibung
Großschreibung
1. Signalwörter machen andere Wörter zu Nomen
a. Artikel
b. Adjektive
c. Präpositionen (mit verstecktem Artikel)
d. Pronomen
e. Unbestimmte Zahlwörter (etwas, nichts, viel)
f. Dazugedachter Artikel
g. Häufig als Nomen verwendete Wörter - das Ganze nun im Einzelnen
2. Nomen in festen Verbindungen
a. Feste Verbindungen von Nomen und Verb - Auto fahren, Anteil nehmen
b. Feste Verbindungen von Präposition und Nomen - im Grunde
c. Feste Verbindungen von Präposition, Nomen und Verb - außer Acht lassen
d. Feste Verbindungen mit zwei Schreibweisen - auf Grund/aufgrund
3. Mehrteilige Eigennamen (Karl der Große, der Stille Ozean)
4. Herkunftsbezeichnungen (Kölner Dom, Münch(e)ner Oktoberfest)

Kleinschreibung
1. Wörter, die sich auf ein Nomen beziehen
2. Adverbien bei Zeitangaben (heute, abends)
3. Abgeleitete Adjektive auf „-isch" und „-ach"
4. Unbestimmte Zahlwörter (ein, andere, viel, wenig)
5. Die Anredepronomen „du" und „dein"

Groß- oder Kleinschreibung
1. Einige Nomen in Verbindung mit sein, bleiben, werden (pleite sein)
2. Großschreibung im Überblick
3. Kleinschreibung im Überblick
4. Gegenüberstellung von Groß- und Kleinschreibung
5. Test zur Groß- und Kleinschreibung
6. Texte
a. Kennst du diese Stadt?
b. Alkohol - eine schleichende Gefahr

II. Zusammen- und Getrenntschreibung
Zusammenschreibung
1. Zusammengesetzte Nomen und Adjektive
2. Zusammengesetzte Verben
a. Verbindungen aus Adverb + Verb
b. Nomen als erster Bestandteil des Verbs (heimgehen, teilnehmen)
c. Verbverbindungen mit unselbständigem ersten Bestandteil - fehlschlagen

Getrenntschreibung
1. Verbindungen mit einem Verb (als zweitem Bestandteil)
a. Nomen + Verb (Auto fahren, Angst haben)
b. Verb + Verb (spazieren gehen, schreiben lernen)
Verb + Verb (sitzen bleiben/sitzenbleiben)
c. Verbindungen mit sein/gewesen (da sein, da gewesen)
d. Adjektiv + Verb (schnell fahren, richtig rechnen)
Adjektiv + Verb (gutschreiben, freisprechen)
2. Verbindungen mit einem Adjektiv oder Partizip
3. Weitere Verbindungen
a. Verbindungen mit „so", „wie", „zu", „allzu" und „gar" (so viele)
b. Feste Verbindungen von Präposition, Nomen und Verb (zu Ende gehen)

Zusammen-/Getrenntschreibung
1. Zusammen- oder Getrenntschreibung „mal" als Wortbaustein, „Mal" als Nomen
2. Zusammen- und Getrenntschreibung - beide Schreibweisen möglich
3. Die 10 wichtigsten Regeln zur Zusammen- und Getrenntschreibung
4. Übersicht über die Zusammen- und Getrennt-schreibung
5. Übungen zur Zusammen- und Getrenntschreibung
6. Text: Kann man selbständiges Handeln lernen
7. Test zur Zusammen- und Getrenntschreibung

III. Trennung von Wörtern am Zeilenende

IV. Zeichensetzung: Die wichtigsten Satzzeichen
1. Punkt, Fragezeichen und Ausrufezeichen
2. Kommasetzung
a. Komma bei Aufzählungen
b. Kommasetzung in Satzreihen (zwischen Hauptsätzen)
c. Kommasetzung in Satzgefügen
d. Kommasetzung bei Zusätzen oder Nachträgen
e. Kommasetzung bei Anreden und Ausrufen
3. Die Zeichensetzung bei der wörtlichen Rede
4. Der Bindestrich

Rechtschreibstrategien 7.-10. Bd. II
Nr. 593 *88 Seiten* € 16,90

Vorbemerkungen
Inhaltsverzeichnis
Benotungstabellen

Einteilung der Wörter nach ihrer rechtschriftlichen Besonderheit
Häufige Fehlerwörter
Zum Aufbau eines Grundwortschatzes
Häufigkeitswörter-Liste
Wichtige Rechtschreibstrategien
Merkwörter-Liste (mit Fremdwörtern)
Mehrfachstrategien bei abgeleiteten und zusammengesetzten Wörtern

I. Teil
Diktate (Übungstexte)
1. Arbeiten rund um die Uhr
2. Urlaub im Weltraumhotel
3. Kinder ohne Zukunft
4. Jugendliche in der Schuldenfalle
5. Lernen will gelernt sein
6. Ein historischer Tag
7. Soll man Computerspiele verteufeln?
8. Konsum auf Pump
9. Traumjob gesucht
10. Rettet die Umwelt

II. Teil
Diktate (simulierte Prüfung)
1. Sturzhelm auch für Radfahrer?
2. Das grenzt an Unverschämtheit
3. Sich kranklachen für ein gesundes Leben
4. Das Vorstellungsgespräch
5. Wahlrecht für 16-Jährige

III. Teil
Weitere Diktate (Übungstexte)

Anhang
Wörter nachschlagen und trainieren
Unregelmäßige Verben
Wortfamilien häufiger Fehlerwörter
Grammatik: Grundbegriffe

Die neue Rechtschreibprüfung
Nr. 643 *81 Seiten* € 17,50

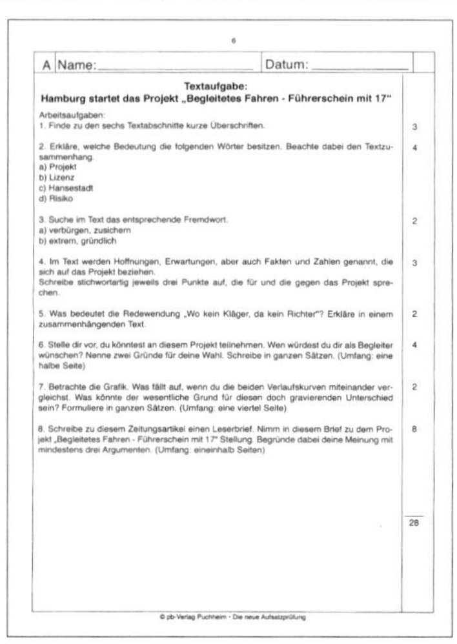

1. Textaufgabe: Hamburg startet das Projekt „Begleitetes Fahren - Führerschein mit 17"
2. Textaufgabe: Alkopops - ein harmloser Partyspaß?
3. Textaufgabe: Fernsehen - ein „Zeitkiller"?
4. Textaufgabe: Schön sein, fit sein, stark sein - ein neuer Kult
5. Textaufgabe: Ausbildungsabbruch, was nun?
6. Textaufgabe: Oje, die Jugend! Schon immer wird sie schlimmer
7. Textaufgabe: Knackige Bräune - ein Schönheitsideal wird zum Risiko
8. Textaufgabe: Lies! Mir! Vor!
9. Textaufgabe: Land ohne Leser
10. Textaufgabe: Energiesparen ist Umweltschutz
11. Textaufgabe: Arm, ärmer, Kind
12. Textaufgabe: Ohne Internet leben - geht das denn noch?

Die neue Aufsatzprüfung
Nr. 657 *75 Seiten* € 16,50

Stand der Preise 2008 - Bitte beachten Sie unsere aktuelle Preisliste!

Vorwort

Aus der Praxis für die Praxis ist dieses Arbeitsheft mit Textarbeiten entstanden. Lange, umfangreiche Texte, wie sie in der täglichen Schularbeit üblich sind, demotivieren häufig zudem wegen der Menge der Arbeitsaufgaben und sind dazu sehr korrektur- und damit auch für Lehrkräfte sehr arbeitsaufwändig. So setzte ich mir persönlich zum Ziel, für meine Schüler, aber auch zu meiner eigenen Entlastung, vorwiegend kurze, prägnante und aktuelle Texte aus Tageszeitungen und Zeitschriften zu Übungsaufgaben umzufunktionieren. Sie sind in relativ geringer Zeit zu bearbeiten und zu korrigieren. Prüfungsspezifische Aufgabenstellungen ermöglichen SchülerInnen wie Lehrkräften ein effektives Textaufgaben- und Quali-Training bereits ab der 7. Jahrgangsstufe.
Damit bei aller Arbeit auch die Freude daran nicht zu kurz kommt, sollen motivierende Rätsel SchülerInnen wie LehrerInnen bei Laune halten.
Alles in allem steht mit diesem Heft ein Fundus unterschiedlicher Aufgaben (nicht nur zu Übungszwecken, sondern auch für Probeaufsätze geeignet) zur Verfügung, der sonst in keinem Quali-Vorbereitungsheft zu finden ist.

Hans Bayerl

Inhaltsverzeichnis

1. Literarischer Text:	Aus: Der kleine Prinz (A. de Saint-Exupery)	5
2. Sachtext:	Das duale System	13
3. Rätsel:	Auf der Jagd nach Synonymen	15
4. Sachtext:	Lesen für's Leben	17
5. Rätsel:	Fremdwörter mit „a“	25
6. Sachtext:	Sitzen, sitzen, sitzen	27
7. Sachtext:	Ohne Schulabschluss	29
8. Rätsel:	Auf der Jagd nach Synonymen	32
9. Literarischer Text:	Entwicklung der Menschheit (E. Kästner)	34
10. Rätsel:	Fremdwörter mit „e“	43
11. Sachtext:	Wo fängt Armut an?	45
12. Rätsel:	Auf der Jagd nach Synonymen	57
13. Sachtext:	Die Deutschen lassen es qualmen	59
14. Rätsel:	Fremdwörter mit „i“	75
15. Sachtext:	Wenn das Leben nur noch im Netz stattfindet	77
16. Sachtext:	Ich war ein guter Schüler	80
17. Rätsel:	Auf der Jagd nach Synonymen	89
18. Sachtext:	Möglichkeiten nach der Hauptschule	91
19. Sachtext:	Der Bedarf an Arbeitskräften in Deutschland	93
20.. Rätsel:	Fremdwörter mit „u“	101

Name: Klasse: Datum:

Der kleine Prinz

„Guten Tag“, sagte der kleine Prinz.
„Guten Tag“, sagte der Händler.
Er handelte mit höchst wirksamen, Durst stillenden Pillen. Man schluckt jede Woche eine und spürt überhaupt kein Bedürfnis mehr zu trinken.
„Warum verkaufst du das?“, sagte der kleine Prinz.
„Das ist eine große Zeitersparnis“, sagte der Händler. „Die Sachverständigen haben Berechnungen angestellt. Man erspart dreiundfünfzig Minuten in der Woche.“
„Und was macht man mit diesen dreiundfünfzig Minuten?“
„Man macht damit, was man will...“
„Wenn ich dreiundfünfzig Minuten übrig hätte“, sagte der kleine Prinz, „würde ich ganz gemächlich zu einem Brunnen laufen.“

(aus: „Der kleine Prinz“ von Antoine de Saint-Exupery)

Aufgaben
(Antworte, wenn nicht anders verlangt, stets in vollständigen Sätzen!):

mögliche Punkte	erreichte Punkte

Finde eine passende Überschrift zum Text! — 1

____

Welche Information kann man dem Text entnehmen, steht nicht im Text, sagt genau das Gegenteil einer Textaussage aus?
Kreuze jeweils eine Lösung pro Zeile an!

	Diese Information **kann man** dem Text **entnehmen**.	Diese Information **steht nicht** im Text.	**Das Gegenteil** dieser Aussage steht im Text.	mögliche Punkte
Der kleine Prinz würde sich einen Brunnen kaufen.				0,5
Der kleine Prinz stammt vom Asteroiden Nr. 3251.				0,5
Der Händler handelte mit Tabletten, die durstig machen.				0,5
Die angebotenen Pillen dienten der Zeitersparnis.				0,5

→

Name: Klasse: Datum:

Der kleine Prinz

(Lösungsvorschlag)

„Guten Tag“, sagte der kleine Prinz.
„Guten Tag“, sagte der Händler.
Er handelte mit höchst wirksamen, Durst stillenden Pillen. Man schluckt jede Woche eine und spürt überhaupt kein Bedürfnis mehr zu trinken.
„Warum verkaufst du das?“, sagte der kleine Prinz.
„Das ist eine große Zeitersparnis“, sagte der Händler. „Die Sachverständigen haben Berechnungen angestellt. Man erspart dreiundfünfzig Minuten in der Woche.“
„Und was macht man mit diesen dreiundfünfzig Minuten?“
„Man macht damit, was man will...“
„Wenn ich dreiundfünfzig Minuten übrig hätte“, sagte der kleine Prinz, „würde ich ganz gemächlich zu einem Brunnen laufen.“

(aus: „Der kleine Prinz“ von Antoine de Saint-Exupery)

Aufgaben
(Antworte, wenn nicht anders verlangt, stets in vollständigen Sätzen!):

mögliche Punkte | erreichte Punkte

☞☞ Finde eine passende Überschrift zum Text! 1

Zeitersparnis - wozu?

☞ Welche Information kann man dem Text entnehmen, steht nicht im Text, sagt genau das Gegenteil einer Textaussage aus?
Kreuze jeweils eine Lösung pro Zeile an!

	Diese Information **kann man** dem Text **entnehmen**.	Diese Information **steht nicht** im Text.	**Das Gegenteil** dieser Aussage steht im Text.	mögliche Punkte
Der kleine Prinz würde sich einen Brunnen kaufen.		?		0,5
Der kleine Prinz stammt vom Asteroiden Nr. 3251.		?		0,5
Der Händler handelte mit Tabletten, die durstig machen.			?	0,5
Die angebotenen Pillen dienten der Zeitersparnis.	?			0,5

→

Name:	Klasse:	Datum:

☞ Die Durst stillenden Pillen helfen eine Menge Zeit einzusparen. Der kleine Prinz würde, wenn er die knappe Stunde zur Verfügung hätte, ganz gemächlich zu einem Brunnen laufen.

	mögliche Punkte	erreichte Punkte
a) Würdest du auch gerne solche Durst stillenden Pillen schlucken, um Zeit zu sparen? Begründe!	2	
b) Wie könntest du diese knappe Stunde Freizeit pro Woche **sinnvoll** nutzen? Begründe kurz! (ca. 1/4 Seite)	2	

☞ Was bedeuten folgende Sprichwörter bzw. Redensarten über die Zeit? Erkläre!

		mögliche Punkte
Das Zeitliche segnen:		2

→

Name: Klasse: Datum:

möglichePunkte	erreichtePunkte

☞ Die Durst stillenden Pillen helfen eine Menge Zeit einzusparen. Der kleine Prinz würde, wenn er die knappe Stunde zur Verfügung hätte, ganz gemächlich zu einem Brunnen laufen.

a) Würdest du auch gerne solche Durst stillenden Pillen schlucken, um Zeit zu sparen? Begründe!

Durst stillende Pillen kämen für mich überhaupt nicht in Frage. Gibt es doch so viele Getränke wie Fruchtsäfte und dergleichen, die nicht nur den Durst löschen, sondern auch noch hervorragend schmecken. Da ist mir diese Lebensqualität entschieden mehr wert als eine knappe Stunde gewonnene Zeit. 2

b) Wie könntest du diese knappe Stunde Freizeit pro Woche **sinnvoll** nutzen? Begründe kurz! (ca. 1/4 Seite)

Eine knappe Stunde freie Zeit ist schnell vorbei. Deshalb kann man auch nichts Großartiges unternehmen. Sinnvoll nutzen könnte ich sie trotzdem, wenn ich z. B. meine Oma im Altenheim besuchte und ihr ein bisschen die Zeit vertriebe. Die würde sich ganz bestimmt über mein Kommen freuen, wäre doch so eine Kurzvisite eine kleine Abwechslung im langweiligen Heimleben. 2

☞ Was bedeuten folgende Sprichwörter bzw. Redensarten über die Zeit? Erkläre!

Das Zeitliche segnen:	*Das Zeitliche segnen heißt nichts anderes als sterben.*

2

→

Name: Klasse: Datum:

		mögliche Punkte	erreichte Punkte
Zeit ist Geld:	____ ____	2	

☞ Im Text kommt wiederholt das Wort „sagen“ vor. Vermeide diese Wortwiederholungen, indem du andere passende Begriffe dafür einsetzt!

„Guten Tag“, ____________________ der kleine Prinz. 1

„Guten Tag“, ____________________ der Händler. 1

„Warum verkaufst du das?“, ____________________ der kleine Prinz. 1

„Das ist eine große Zeitersparnis“, ____________________ der Händler. 1

„Wenn ich dreiundfünfzig Minuten übrig hätte“, ____________________ der kleine 1

Prinz, „würde ich ganz gemächlich zu einem Brunnen laufen. ...“

☞ Setze den Text aus „Der kleine Prinz“ in die Zeitstufe des Präteritums (Vergangenheit)!

Am Morgen seiner Abreise brachte (bringen) der kleine Prinz seinen Planeten schön in Ordnung.

Sorgfältig ____________________ (fegen) er seine tätigen Vulkane. Er __________ 1

(besitzen) zwei tätige Vulkane, das ____________________ (sein) sehr praktisch zum 0,5

Frühstückkochen. ...

Der kleine Prinz ____________________ (reißen) auch ein bisschen schwermütig 0,5

die letzten Triebe des Affenbrotbaumes aus. Er ____________________ (glauben) 0,5

nicht, dass er jemals zurückkehren würde.

Aber alle diese Arbeiten ________________ (erscheinen) ihm an diesem Morgen ungemein süß. Und als er die Blume zum letzten Mal ____________________ (begießen) und sich ____________________ (anschicken), ⟶

Name:	Klasse:	Datum:	mögliche Punkte	erreichte Punkte

Zeit ist Geld:	*Zeit ist Geld bedeutet, dass Zeit eine kostbare Gabe ist, zu wertvoll, um sinnlos verschwendet zu werden.*

2

☞ Im Text kommt wiederholt das Wort „sagen" vor. Vermeide diese Wortwiederholungen, indem du andere passende Begriffe dafür einsetzt!

„Guten Tag", *grüßte* der kleine Prinz. 1

„Guten Tag", *erwiderte* der Händler. 1

„Warum verkaufst du das?", *fragte* der kleine Prinz. 1

„Das ist eine große Zeitersparnis", *antwortete* der Händler. 1

„Wenn ich dreiundfünfzig Minuten übrig hätte", *meinte* der kleine Prinz, „würde ich ganz gemächlich zu einem Brunnen laufen. ..." 1

☞ Setze den Text aus „Der kleine Prinz" in die Zeitstufe des Präteritums (Vergangenheit)!

Am Morgen seiner Abreise brachte (bringen) der kleine Prinz seinen Planeten schön in Ordnung.

Sorgfältig *fegte* (fegen) er seine tätigen Vulkane. Er *besaß* (besitzen) zwei tätige Vulkane, das *war* (sein) sehr praktisch zum Frühstückkochen. ...

Der kleine Prinz *riss* (reißen) auch ein bisschen schwermütig die letzten Triebe des Affenbrotbaumes aus. Er *glaubte* (glauben) nicht, dass er jemals zurückkehren würde. Aber alle diese Arbeiten *erschienen* (erscheinen) ihm an diesem Morgen ungemein süß. Und als er die Blume zum letzten Mal *begoss* (begießen) und sich *anschickte* (anschicken),

→

Name:	Klasse:	Datum:		

	mögliche Punkte	erreichte Punkte
sie unter den Schutz der Glasglocke zu stellen, ____________________ (entdecken) er in sich das Bedürfnis zu weinen. „Adieu“, ____________________ (sagen) er zur Blume. (je 0,5 Punkte)	5	
☞☞ Freizeit ist ein wesentlicher Bestandteil unseres Lebens und damit für ein erfülltes Leben unerlässlich. Gib in einem Leserbrief für die Schülerzeitung Tipps für eine sinnvoll gestaltete Freizeit! (ca. 1 Seite)	8	
	29	

Name: Klasse: Datum:

	möglichePunkte	erreichtePunkte
sie unter den Schutz der Glasglocke zu stellen, *entdeckte* (entdecken) er in sich das Bedürfnis zu weinen. „Adieu“, *sagte* (sagen) er zur Blume. (je 0,5 Punkte)	5	
☞ Freizeit ist ein wesentlicher Bestandteil unseres Lebens und damit für ein erfülltes Leben unerlässlich. Gib in einem Leserbrief für die Schülerzeitung Tipps für eine sinnvoll gestaltete Freizeit! (ca. 1 Seite)		
Freizeit - zu schade zum Totschlagen? Ein paar heiße Tipps für kluge Kids!		
? *Besuch mal wieder deine Oma oder deinen Opa im Seniorenheim. Das kostet nichts und du machst mit deiner Visite den alten Leuten sicher viel Freude.*		
? *Bist du eine Sportskanone, ist dein Talent in einem der vielen Sportvereine gut aufgehoben. Dort wirst du gefördert und vielleicht wird aus dir ja einmal ein Ballack oder ein Kahn?!*		
? *Wie wär's mal mit einem Gang ins nächste Museum? Dort gibt es wechselnde Ausstellungen und da ist bestimmt die eine oder andere Überraschung auch für dich dabei.*		
? *Einfach nichts tun, die Seele baumeln zu lassen, wie es so schön heißt, Ruhe zu finden, tut jedem gut. Auch dafür lohnt es sich, Zeit zu haben, weil man Kraft tanken kann.*		
? ...		
? *Viel Spaß bei deinen Unternehmungen!*	8	
	29	

Name: Klasse: Datum:

Das duale System

Wer eine Ausbildung beginnt, schließt mit einem Betrieb einen Berufsausbildungsvertrag ab. In diesem Vertrag sind die Rechte und Pflichten sowohl des Auszubildenden als auch des Betriebes genannt. So regelt der Ausbildungsvertrag den Inhalt der Ausbildung, legt die Dauer (in der Regel 3 Jahre) der Ausbildung fest und die damit verbundene Ausbildungsvergütung sowie den Urlaub.
Die Berufsausbildung findet an zwei Lernorten (dual) statt: im Betrieb und in der Berufsschule. Der Jugendliche ist Auszubildender (Lehrling) in einem Betrieb und besucht gleichzeitig die Berufsschule.
Die praktische Ausbildung findet unmittelbar im Betrieb inmitten der Arbeitswelt statt. Das ist im Handwerksbetrieb genauso wie im industriellen Unternehmen. Direkt im Arbeitsprozess, teilweise auch in Lehrwerkstätten, werden Arbeitsmethoden und Techniken vermittelt, der Umgang mit Maschinen und Werkstoffen erlernt. Erfahrene Ausbilder und Meister kümmern sich um die Lehrlinge. Sie bringen ihnen die praktischen Fertigkeiten und Kenntnisse bei, die später im Beruf gebraucht werden.
Die beiden Lernorte Betrieb und Berufsschule wirken nicht unabhängig voneinander, sondern arbeiten eng zusammen.
Die Ausbildung im Betrieb richtet sich bundesweit nach den vom zuständigen Bundesminister erlassenen Ausbildungsordnungen. Sie enthalten die Inhalte, die der Betrieb während der Ausbildung vermittelt. Die Ausbildungsordnungen sind mit den Rahmenlehrplänen für den Unterricht der Berufsschule abgestimmt Natürlich arbeiten daher auch die Ausbilder der Betriebe mit den Lehrern der Berufsschule zusammen.

(aus: „Hauptschulabschluss..“, Bayerisches Kultusministerium 2001/2002)

Aufgaben
(Antworte, wenn nicht anders verlangt, stets in vollständigen Sätzen!):

Aufgabe	mögliche Punkte	erreichte Punkte
☞☞ Beantworte folgende Fragen:		
a) Was ist die Grundlage der Ausbildung?	1	
b) Nenne vier wichtige Inhalte des Ausbildungsvertrags! (je 0,5 P)	2	
c) Was bedeutet „duales System“?	1	
d) Wonach richtet sich die Ausbildung im Betrieb?	1	
☞ Erkläre:		
a) praktisch	1	
b) Methode	1	
☞ Erfolg im Beruf ist ein Ziel für viele. Nenne zwei Bedingungen für das Erreichen dieses Ziels!	2	
☞ Welche Vorteile bietet eine Berufsausbildung im Vergleich zu Un- bzw. Angelernten? Nenne drei!	3	
☞ Du hast am Ende des 8. Schuljahres ein Betriebspraktikum absolviert. Versuche in einem Elternbrief den Sinn dieser Veranstaltung aufzuzeigen! (ca. 1/2 Seite)	4	
	16	

Name: Klasse: Datum:

Das duale System

(Lösungsvorschlag)

mögliche Punkte	erreichte Punkte

☞☞☞

a) *Grundlage der Ausbildung ist der Berufsausbildungsvertrag.* 1

b) *Wichtige Inhalte des Ausbildungsvertrags sind beispielsweise die Rechte und Pflichten von Auszubildenden und Ausbildern, Inhalte der Ausbildung, die Ausbildungsdauer sowie die Höhe der Ausbildungsvergütung.* (je 0,5 Punkte) 2

c) *„Duales System" bedeutet, dass die Berufsausbildung an zwei Lernorten stattfindet, nämlich im Betrieb und in der Berufsschule.* 1

d) *Die Ausbildung im Betrieb richtet sich nach der vom zuständigen Bundesminister erlassenen Ausbildungsordnung.* 1

☞

a) *Praktisch heißt auf die Wirklichkeit bezogen, zweckmäßig, gewandt.* 1

b) *Unter Methode versteht man den Weg zum Ziel.* 1

☞ *Erfolg im Beruf ist ein Ziel für viele. Zwei Bedingungen für das Erreichen dieses Ziels sind ein guter Schulabschluss sowie eine abgeschlossene Berufsausbildung.* 2

☞ *Eine Berufsausbildung bietet im Vergleich zu Un- bzw. Angelernten in der Regel Aufstiegsmöglichkeiten mit steigendem Verdienst sowie einen sichereren Arbeitsplatz.* 3

☞ *Durch ein Betriebspraktikum kann man Einblicke in der Arbeits- und Wirtschaftswelt erhalten, lebensnahe Eindrücke im Betrieb bzw. am Arbeitsplatz und Kenntnisse über unterschiedlicher Arbeitsplätze, berufliche Anforderungen sowie betriebliche Abläufe und Gesetzmäßigkeiten sammeln. ....* 4

16	

Name:	Klasse:	Datum:

Auf der Jagd nach Synonymen

Finde zum jeweiligen Wortpaar das passende Synonym, also das Wort, das dieselbe Bedeutung hat, wie die beiden anderen Begriffe. Trage es in die Kästchen ein. Die Buchstaben in den grau gefärbten Kästchen ergeben von oben nach unten gelesen den Lösungsbegriff.

geschmacklos	langweilig
Sturz	Angelegenheit
ungenießbar	arbeitsscheu
verhaften	begreifen
vollendet	erschöpft
kommen	vermuten
vortrefflich	empfindlich
Insekt	Schleife
schießen	entlassen
Grund	Bereich

Das Lösungswort heißt:

Name: Klasse: Datum:

Auf der Jagd nach Synonymen

(Lösung)

Finde zum jeweiligen Wortpaar das passende Synonym, also das Wort, das dieselbe Bedeutung hat, wie die beiden anderen Begriffe. Trage es in die Kästchen ein. Die Buchstaben in den grau gefärbten Kästchen ergeben von oben nach unten gelesen den Lösungsbegriff.

geschmacklos	FADE	langweilig
Sturz	FALL	Angelegenheit
ungenießbar	FAUL	arbeitsscheu
verhaften	FASSEN	begreifen
vollendet	FERTIG	erschöpft
kommen	ERSCHEINEN	vermuten
vortrefflich	FEIN	empfindlich
Insekt	FLIEGE	Schleife
schießen	FEUERN	entlassen
Grund	FELD	Bereich

Das Lösungswort heißt: **FAUSTREGEL**

Name: Klasse: Datum:

Wer ein Medikament einnimmt, muss zuvor den Beipackzettel lesen. Wer eine Rechnung überprüfen will, muss sie lesen. Wer in einer fremden Stadt die U-Bahn benutzt, muss den Netzplan lesen können. Lesen ist eine Kulturtechnik, die unser gesamtes Leben durchzieht.

Ein guter Leser findet in Texten die Information, die er sucht. Er kann Texte nutzen, bewerten oder zum Vergnügen lesen. Doch um so weit zu kommen, bedarf es einiger Anstrengung. Zeitung lesen, im Internet recherchieren, in die Welt der Literatur eintauchen, all dies lässt sich nur dann effizient und mit persönlichem Gewinn tun, wenn man als Kind und Jugendlicher die Lesefähigkeit über Jahre hinweg aufgebaut und trainiert hat. Doch mit der Lesefähigkeit und Leselust der Kinder steht es nicht mehr zum Besten. Der Trend der Zeit scheint vom Lesen wegzuführen. Über 40 Prozent der 15-Jährigen in Deutschland - genauer 29 Prozent der Mädchen und 54 Prozent der Jungen - gaben bei PISA an, nicht zu ihrem Vergnügen zu lesen. Im internationalen Vergleich sind dies auffallend hohe Werte.
Dabei ist der Zusammenhang zwischen Freude am Lesen und guten Schulleistungen unbestritten. Selbst Kinder aus einfachen Verhältnissen, die viel und gern lesen, haben bessere Bildungschancen als Kinder aus wohlhabenden Familien, bei denen das Lesen keine Rolle spielt. Lesen fördert neben den sprachlichen Fähigkeiten auch selbstständiges Denken, Konzentration, Ausdauer, Vorstellungskraft und das Denken in komplexen Zusammenhängen.

(nach „EZ", 3/4-2003)

Arbeitsaufgaben
(Antworte stets, wenn nicht anders verlangt, in ganzen Sätzen!):

mögliche Punkte	erreichte Punkte

☞☞☞ Finde eine passende Überschrift zum Text!

______________________________ 1

☞ Welche Information kann man dem Text entnehmen, welche Information steht nicht im Text bzw. welche Information sagt genau das Gegenteil einer Textaussage aus?
Kreuze jeweils eine <u>Lösung pro Zeile</u> an!

	Diese Information **kann man** dem Text **entnehmen**.	Diese Information **steht nicht** im Text.	**Das Gegenteil** dieser Aussage steht im Text.	mögliche Punkte
Wenn Kinder gerade lesen gelernt haben, tun sie es fast alle gern.				0,5
Die Lesefähigkeit der Kinder hat laut Pisa in den letzten Jahren deutlich zugenommen.				0,5

→

Name: Klasse: Datum:

Wer ein Medikament einnimmt, muss zuvor den Beipackzettel lesen. Wer eine Rechnung überprüfen will, muss sie lesen. Wer in einer fremden Stadt die U-Bahn benutzt, muss den Netzplan lesen können. Lesen ist eine Kulturtechnik, die unser gesamtes Leben durchzieht.

Ein guter Leser findet in Texten die Information, die er sucht. Er kann Texte nutzen, bewerten oder zum Vergnügen lesen. Doch um so weit zu kommen, bedarf es einiger Anstrengung. Zeitung lesen, im Internet recherchieren, in die Welt der Literatur eintauchen, all dies lässt sich nur dann effizient und mit persönlichem Gewinn tun, wenn man als Kind und Jugendlicher die Lesefähigkeit über Jahre hinweg aufgebaut und trainiert hat. Doch mit der Lesefähigkeit und Leselust der Kinder steht es nicht mehr zum Besten. Der Trend der Zeit scheint vom Lesen wegzuführen. Über 40 Prozent der 15-Jährigen in Deutschland - genauer 29 Prozent der Mädchen und 54 Prozent der Jungen - gaben bei PISA an, nicht zu ihrem Vergnügen zu lesen. Im internationalen Vergleich sind dies auffallend hohe Werte.
Dabei ist der Zusammenhang zwischen Freude am Lesen und guten Schulleistungen unbestritten. Selbst Kinder aus einfachen Verhältnissen, die viel und gern lesen, haben bessere Bildungschancen als Kinder aus wohlhabenden Familien, bei denen das Lesen keine Rolle spielt. Lesen fördert neben den sprachlichen Fähigkeiten auch selbstständiges Denken, Konzentration, Ausdauer, Vorstellungskraft und das Denken in komplexen Zusammenhängen.

(nach „EZ“, 3/4-2003)

Arbeitsaufgaben
(Antworte stets, wenn nicht anders verlangt, in ganzen Sätzen!):

mögliche Punkte	erreichte Punkte

☞ Finde eine passende Überschrift zum Text!

Lesen fürs Leben — 1

☞ Welche Information kann man dem Text entnehmen, welche Information steht nicht im Text bzw. welche Information sagt genau das Gegenteil einer Textaussage aus?
Kreuze jeweils eine <u>Lösung pro Zeile</u> an!

	Diese Information **kann man** dem Text **entnehmen.**	Diese Information **steht nicht** im Text.	**Das Gegenteil** dieser Aussage steht im Text.	mögliche Punkte
Wenn Kinder gerade lesen gelernt haben, tun sie es fast alle gern.		?		0,5
Die Lesefähigkeit der Kinder hat laut Pisa in den letzten Jahren deutlich zugenommen.			?	0,5

→

Name:	Klasse:	Datum:

				mögliche Punkte	erreichte Punkte
	Diese Information **kann man** dem Text **entnehmen**.	Diese Information **steht nicht** im Text.	**Das Gegenteil** dieser Aussage steht im Text.		
Gute Leser finden die Information, die sie suchen.				0,5	
Der Zusammenhang zwischen Freude am Lesen und guten Schulleistungen ist nicht unbestritten.				0,5	

☞ Ersetze folgende Fremdwörter, die im Text vorkommen, durch je einen sinnverwandten deutschen Begriff!

recherchieren:		1
komplex:		1
effizient:		1
trainieren:		1

☞ Was bedeuten folgende Sprichwörter bzw. Redensarten vom Lesen?

Das kann kein Schwein lesen:		2
Jemandem die Leviten lesen:		2
Zwischen den Zeilen lesen:		2

→

Name: Klasse: Datum:

	mögliche Punkte	erreichte Punkte

	Diese Information **kann man** dem Text **entnehmen**.	Diese Information **steht nicht** im Text.	**Das Gegenteil** dieser Aussage steht im Text.	
Gute Leser finden die Information, die sie suchen.	?			0,5
Der Zusammenhang zwischen Freude am Lesen und guten Schulleistungen ist nicht unbestritten.			?	0,5

☞ Ersetze folgende Fremdwörter, die im Text vorkommen, durch je einen sinnverwandten deutschen Begriff!

recherchieren:	*nachforschen*	1
komplex:	*umfassend*	1
effizient:	*wirksam*	1
trainieren:	*üben*	1

☞ Was bedeuten folgende Sprichwörter bzw. Redensarten vom Lesen?

Das kann kein Schwein lesen:	*Die Schrift ist so miserabel, dass sie niemand entziffern kann.*	2
Jemandem die Leviten lesen:	*Jemandem die Leviten lesen heißt, ihn zu tadeln, ihn zurechtweisen.*	2
Zwischen den Zeilen lesen:	*Wer zwischen den Zeilen liest, versteht auch, was nicht ausdrücklich geschrieben steht.*	2

→

Name:	Klasse:	Datum:		
			mögliche Punkte	erreichte Punkte
☞☞ Zeitung lesen, im Internet recherchieren, in die Welt der Literatur eintauchen - unter welchen Bedingungen lässt sich all dies nur dann effizient und mit persönlichem Gewinn tun? Zitiere aus dem Text!				
Zitat: ______________________________				
______________________________			1	
☞☞ Nenne stichpunktartig fünf im Text angesprochene Vorteile des Lesens!				
? ______________________________			1	
? ______________________________			1	
? ______________________________			1	
? ______________________________			1	
? ______________________________			1	
☞☞ Ersetze in folgendem Satz das Wort „lesen“ durch einen ähnlichen oder gleich bedeutenden Begriff!				
Thomas liest gerne Krimis.				
? Thomas __________ gerne __________			1	
? Thomas __________ gerne __________			1	
? Thomas __________ gerne __________			1	
☞☞ Leseförderung in der Schule - mache drei Vorschläge, wie deiner Meinung nach die Schule das Lesen der Kinder und Jugendlichen fördern kann!				
______________________________				
______________________________				
______________________________				
______________________________				
______________________________				
______________________________				
⟶				

Name:	Klasse:	Datum:		
☞☞ Zeitung lesen, im Internet recherchieren, in die Welt der Literatur eintauchen - unter welchen Bedingungen lässt sich all dies nur dann effizient und mit persönlichem Gewinn tun? Zitiere aus dem Text! Zitat: *„...wenn man als Kind und Jugendlicher die Lesefertigkeit über Jahre hinweg aufgebaut und trainiert hat."*			mögliche Punkte 1	erreichte Punkte
☞☞ Nenne stichpunktartig fünf im Text angesprochene Vorteile des Lesens!				
? *bessere Bildungschancen*			1	
? *Förderung der sprachlichen Fähigkeiten*			1	
? *Förderung des selbstständigen Denkens*			1	
? *Förderung der Konzentration und Ausdauer*			1	
? *Förderung der Vorstellungskraft*			1	
☞☞ Ersetze in folgendem Satz das Wort „lesen" durch einen ähnlichen oder gleich bedeutenden Begriff! Thomas liest gerne Krimis.				
? Thomas *schmökert* gerne *in* Krimis.			1	
? Thomas *verschlingt* gerne Krimis.			1	
? Thomas *vertieft sich* gerne *in* Krimis.			1	
☞☞ Leseförderung in der Schule - mache drei Vorschläge, wie deiner Meinung nach die Schule das Lesen der Kinder und Jugendlichen fördern kann! ? *Eine Möglichkeit der Leseförderung in der Schule ist die Durchführung einer Lesenacht. Die Klasse übernachtet dabei mit ihrem Lehrer in der Schule, man liest sich gegenseitig vor und schmökert in seinen Lieblingsbüchern, bis einem die Augen zufallen.* ? *Auch Veranstaltungen von so genannten Literaturtagen, zu denen Autoren eingeladen werden, die aus ihren Werken vorlesen, sind keine schlechte Sache.* ⟶				

Name:	Klasse:	Datum:

	mögliche Punkte	erreichte Punkte
	6	
☞☞ Lust aufs Lesen entwickelt sich zuallererst in der Familie. Gib in einem Elternbrief fünf sinnvolle Tipps, wie Eltern das Lesen ihrer Kinder fördern können, damit sie auch in späteren Jahren einmal gern zum Buch greifen! (ca. 1/2 Seite)	10	
	39	

Name:	Klasse:	Datum:

	mögliche Punkte	erreichte Punkte
? *Ebenfalls eine wesentliche Rolle in der schulischen Leseförderung der Kinder und Jugendlichen spielt eine attraktive Gestaltung der Schulbibliothek, in der „Leserallyes" durchgeführt werden, also Ratespiele, bei denen es einiges zu gewinnen gibt.*	6	
☞☞ Lust aufs Lesen entwickelt sich zuallererst in der Familie. Gib in einem Elternbrief fünf sinnvolle Tipps, wie Eltern das Lesen ihrer Kinder fördern können, damit sie auch in späteren Jahren einmal gern zum Buch greifen! (ca. 1/2 Seite)		
Lesen macht fit fürs Leben!		
Fünf sinnvolle Tipps für interessierte Eltern zur Leseförderung zuhause.		
Der Zusammenhang zwischen der Freude am Lesen und guten Schulleistungen ist unbestritten. Deshalb hier fünf Tipps für kluge Eltern:		
? *Betrachten Sie mit Ihren Kindern gemeinsam Bilderbücher und sprechen Sie darüber!*		
? *Lesen Sie täglich eine Gute-Nacht-Geschichte vor. Das macht Kinder neugierig, selber lesen zu lernen.*		
? *Schenken Sie zu Geburtstagen, an Weihnachten usw. gut ausgewählte Bücher!*		
? *Nehmen Sie dabei beim Bücherkauf Rücksicht auf die persönlichen Interessen Ihres Kindes, denn nicht jedem liegt die klassische Jugendliteratur!*		
? *Lesen Sie sich in der Familienrunde gegenseitig vor, reden Sie über Bücher! ...*	10	
	39	

Name:	Klasse:	Datum:

Fremdwörter mit „a“

Suche die jeweils passende Bedeutung folgender Fremdwörter. Setze das passende Fremdwort zum deutschen Wort. Bist du fertig, kannst du die Lösungsfelder farbig ausmalen.

Abonnent - absolut - absolvieren - abstrakt - Aktion - adrett - adäquat - Affekt - akkurat - aktiv - aktuell - akut - akzeptieren - alternativ - amüsant - analog - Annonce - anonym - Archiv - arrogant - Aspekt - Asyl

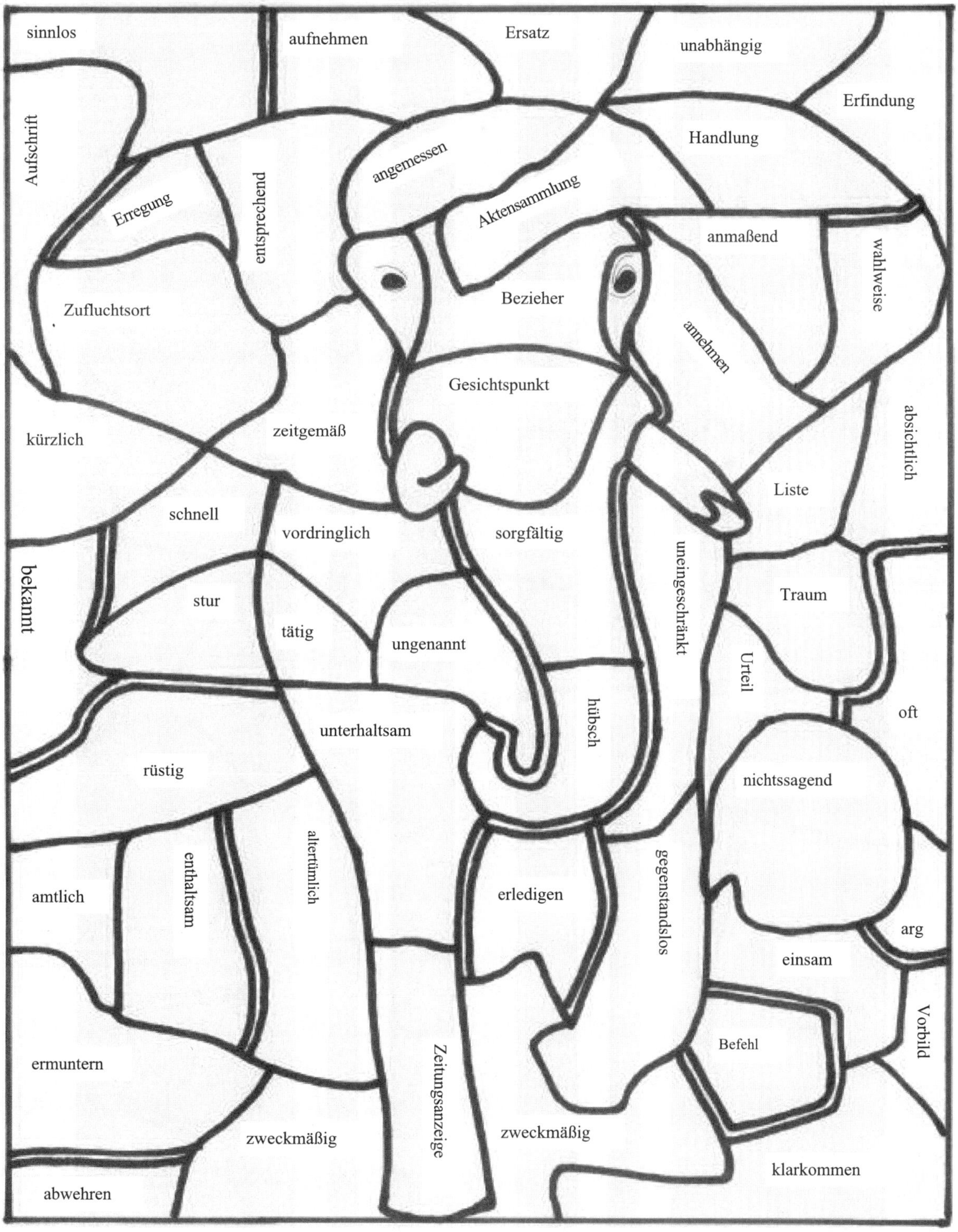

Name:	Klasse:	Datum:

Fremdwörter mit „a“

Suche die jeweils passende Bedeutung folgender Fremdwörter. Setze das passende Fremdwort zum deutschen Wort. Bist du fertig, kannst du die Lösungsfelder farbig ausmalen.

Abonnent - absolut - absolvieren - abstrakt - Aktion - adrett - adäquat - Affekt - akkurat - aktiv - aktuell - akut - akzeptieren - alternativ - amüsant - analog - Annonce - anonym - Archiv - arrogant - Aspekt - Asyl

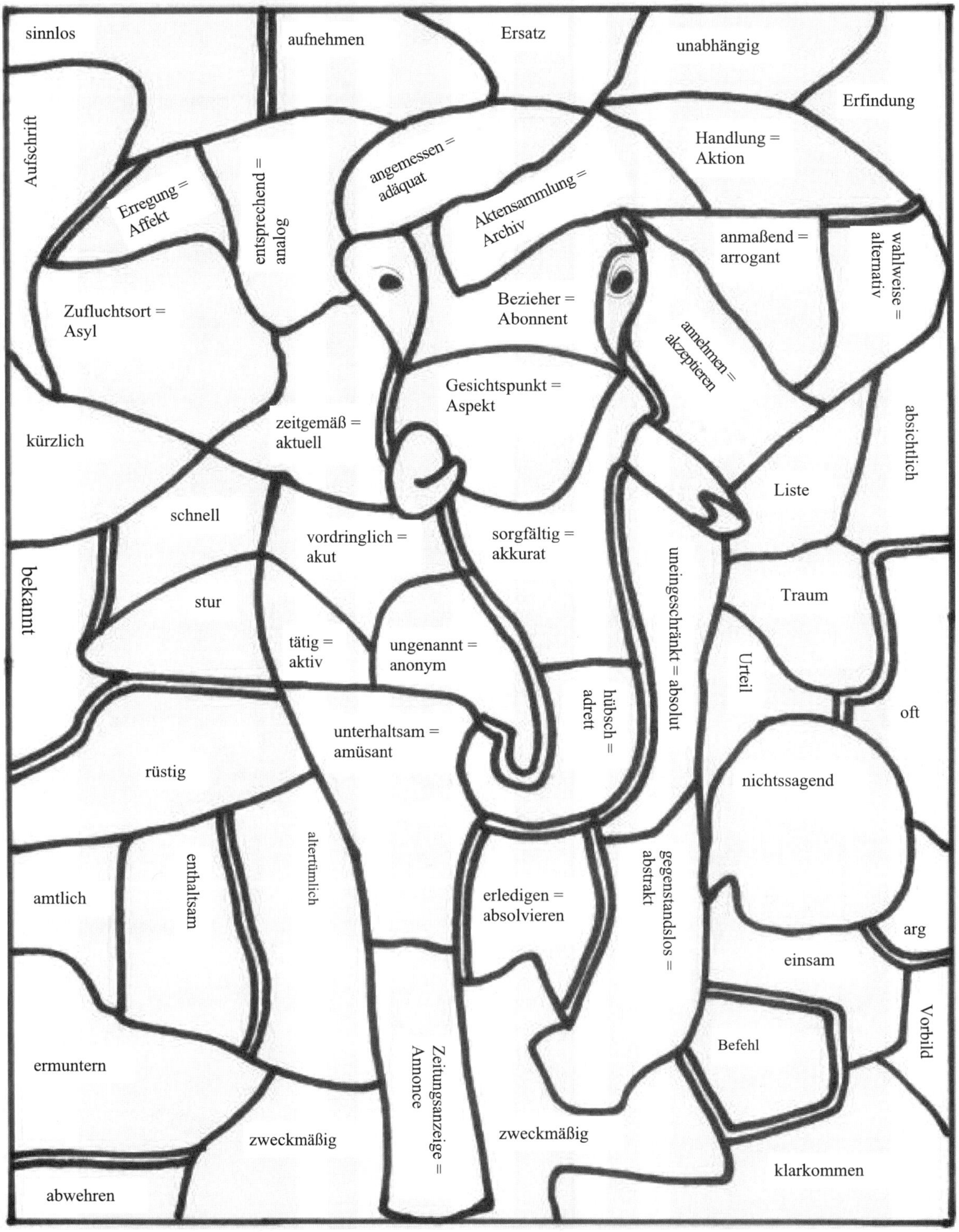

Name: Klasse: Datum:

„Sitzen, sitzen, sitzen: Vormittags in der Schule und am Nachmittag vor dem Fernseher oder am Computer. Mit der Einschulung verändert sich für die Kinder der ganze Tagesablauf. Von nun an heißt es, täglich mehrere Stunden am Vormittag still sitzen zu müssen. Doch immer mehr Mädchen und Buben entpuppen sich auch nach dem Mittagessen als Bewegungsmuffel. Sie sitzen am liebsten am Computer oder vor dem Fernseher.

Durch diesen Mangel an Bewegung zeigen viele Kinder Defizite in ihrer Entwicklung. „Oft fehlen ihnen grundlegende Fähigkeiten. Sie können nicht auf einem Bein hüpfen, rückwärts laufen oder einen Ball fangen", sagt Birgit Fuchs, Bewegungsfachkraft bei der AOK-Direktion Landshut.

Die Folgen ständigen Sitzens und falscher Ernährung: Immer mehr Kinder leiden unter Übergewicht. In späteren Jahren kann das zu Rückenschmerzen und Haltungsschäden führen. Als Kontrastprogramm zum Schulunterricht sollte deshalb am Nachmittag der Bewegungsdrang zu seinem Recht kommen und von den Eltern gefördert werden. Kinder, die viel laufen, toben oder Sport treiben, sind insgesamt ausgeglichener und können sich besser konzentrieren."

(aus: „Landshuter Zeitung" vom 03. Oktober 2003)

Aufgaben
(Antworte stets in vollständigen Sätzen!):

Aufgabe	mögliche Punkte	erreichte Punkte
☞☞ Finde eine passende Überschrift zum Text!	1	
☞ Zu welchem Zeitpunkt verändert sich der ganze Tagesablauf der Kinder und warum?	2	
☞☞ Viele Kinder zeigen Defizite in ihrer Entwicklung.		
a) Ersetze das Fremdwort Defizite durch einen deutschen Begriff!	1	
b) Setze in die indirekte Rede: „Oft fehlen ihnen grundlegende Fähigkeiten. Sie können nicht auf einem Bein hüpfen, rückwärts laufen oder einen Ball fangen", sagt Birgit Fuchs, Bewegungsfachkraft bei der AOK-Direktion Landshut. Beginne so: Birgit Fuchs sagt, oft ...	2	
c) Nenne in Stichpunkten drei Folgen ständigen Sitzens und falscher Ernährung! rung!	3	
☞☞ Die Eltern sollten am Nachmittag den Bewegungsdrang ihrer Kinder fördern.		
a) Begründe den Sinn dieser Forderung! Zitiere dazu aus dem Text!	1	
b) Gib in einem Leserbrief den Eltern Tipps, wie sie den Bewegungsdrang ihrer ihrer Kinder fördern können!	6	
	16	

Name: Klasse: Datum:

möglichePunkte | erreichte Punkte

Sitzen, sitzen, sitzen...

(Lösungsvorschlag)

☞ *Zu viel sitzen macht faul und fett.* 1

☞☞ *Mit der Einschulung verändert sich der gesamte Tagesablauf der Kinder, weil sie nun täglich mehrere Stunden am Vormittag still sitzen müssen.* 2

☞a) *Viele Kinder zeigen Mängel (Ausfälle) in ihrer Entwicklung.* 1

b) Birgit Fuchs sagt, oft *fehlten ihnen grundlegende Fähigkeiten. Sie könnten nicht auf einem Bein hüpfen ... .* 2

c) - *Übergewicht - Rückenschmerzen - Haltungsschäden - ...* 3

☞a) Zitat: *„Kinder, die viel laufen, toben oder Sport treiben, sind insgegesamt ausgeglichener und können sich viel besser konzentrieren."* 1

b) ***Zu viel sitzen macht faul und fett und ...***

Kinder, die viel laufen, toben oder Sport treiben, sind insgesamt ausgeglichener, können sich viel besser konzentrieren und bringen dadurch bessere Leistungen in der Schule.
Sie als Eltern und Erzieher sollten darum darauf achten, dass Ihre Kinder ihren natürlichen Bewegungsdrang ausleben können.
Machen Sie mit ihnen Schnitzeljagden, spielen Sie Räuber und Schandarm, gehen Sie zusammen schwimmen, planen Sie gemeinsam eine zünftige Radtour als Bildersuchfahrt, wo es was zu gewinnen gibt und an der auch die Freunde Ihrer Sprösslinge teilnehmen dürfen.
Scheuen Sie sich nicht, mit den lieben „Kleinen" ein heißes Fußballmatch auszutragen, auch wenn es dabei was auf die Knöchel geben sollte. Und wenn's dem Filius Spaß macht, melden Sie ihn doch bei einem Fußballverein an. ... 6

16

Name: Klasse: Datum:

Ohne Schulabschluss

Ohne Schulabschluss startet in Deutschland jeder zehnte Jugendliche ins Berufsleben. Nach Angaben des Verbandes Bildung und Erziehung liegt der Prozentsatz in manchen Gegenden noch höher. Dies sei unter anderem eine Folge der staatlichen Sparmaßnahmen seit den achtziger Jahren, sagte Ludwig Eckinger, Vorsitzender des Lehrerverbandes. Die Kürzungen kämen die Gesellschaft letztlich über Ausgleichsmaßnahmen teuer zu stehen. Langfristig rechne es sich deshalb für den Staat, wenn er personell und materiell erheblich mehr, vor allem in Grund- und Hauptschulen investierte. „In einem so wohlhabenden Land wie der Bundesrepublik muss es möglich sein, dass niemand durch den Rost fällt", sagte Eckinger.

(dpa)

Aufgaben (Antworte stets in vollständigen Sätzen!):	mögliche Punkte	erreichte Punkte
☞☞ Wie hoch liegt der Prozentsatz der Jugendlichen, die ohne Schulabschluss ins Berufsleben starten?	1	
☞☞ Welchen Grund führt der Vorsitzende des Lehrerverbandes hierfür unter anderem an? Zitiere!	1	
☞☞ Was meint Eckinger damit, wenn er sagt, die Kürzungen kämen die Gesellschaft letztlich über Ausgleichsmaßnahmen teuer zu stehen. Erkläre!	2	
☞☞ Erkläre:		
a) materiell	1	
b) investieren	1	
☞☞ Erkläre das Sprachbild „durch den Rost fallen"!	2	
☞☞ Setze folgenden Satz in die indirekte Rede (Möglichkeitsform): „In einem so wohlhabenden Land wie der Bundesrepublik muss es möglich sein, dass niemand durch den Rost fällt", sagte Eckinger. Beginne so: Eckinger sagte, ...	1	
☞☞ Mit welchen Nachteilen müssen Jugendliche ohne Schulabschluss in ihrem späteren Berufsleben rechnen? Denke hierüber nach und verfasse einen Aufruf für die Schülerzeitung, in dem du deine MitschülerInnen von den **Vorzügen** eines Schulabschlusses zu überzeugen versuchst! (1/2 Seite)	4	
	14	

Name: Klasse: Datum:

	möglichePunkte	erreichtePunkte

Ohne Schulabschluss

(Lösungsvorschlag)

☞☞ *Der Prozentsatz der Jugendlichen, die ohne Schulabschluss ins Berufsleben starten, liegt bei 10 % und mehr.* 1

☞☞ *„Dies sei unter anderem eine Folge der staatlichen Sparmaßnahmen seit den achtziger Jahren, sagte Ludwig Eckinger, Vorsitzender des Lehrerverbandes."* 1

☞☞ *Eckinger meint damit, dass die Folgen staatlicher Sparmaßnahmen im Bildungsbereich dem Staat später mehr Kosten abverlangen würden, als ursprüngliche Bildungsmaßnahmen verschlungen hätten. So müssten beispielsweise Jugendliche ohne Schulabschluss über teure Volkshochschullehrgänge oder Lehrgänge des Arbeitsamtes nachqualifiziert werden.* 2

☞☞ a) *materiell: Materiell heißt finanziell, geldlich, wirtschaftlich.* 1

b) *investieren: Wer investiert, wendet Geld oder Arbeitsleistung auf, um ein Ziel zu erreichen.* 1

☞☞ *„durch den Rost fallen": Fällt jemand durch einen Rost, ein Gitter, fällt er in ein Loch, eine „Falle", aus der er ohne fremde Hilfe nur mehr schwer herausfindet.*
Stürzt ein Jugendlicher durch den „Bildungs"-Rost, so hat er kaum noch Chancen, in seinem weiteren Leben beruflich weiterzukommen, was schwer wiegende Folgen für sein ganzes Leben nach sich zieht. 2

☞☞ *Eckinger sagte, in einem so wohlhabenden Land wie der Bundesrepublik müsse es möglich sein, dass niemand durch den Rost falle.* 1

→

Name:	Klasse:	Datum:

☞☞☞☞☞☞☞☞ ***Häng dich voll rein!***

Aufgepasst! Die Statistik zeigt, dass von fünf jungen Arbeitslosen drei keine Ausbildung haben. Was bedeutet das für dich?
Mit dem Hauptschulabschluss, noch besser mit dem „Quali", steigen deine Chancen auf einen Ausbildungsplatz. Ja, Diese beiden Abschlüsse sind also eine solide Grundlage für deine Berufsausbildung. Und wenn du diese mit guten Leistungen absolvierst, kannst du unter bestimmten Voraussetzungen gleichzeitig den mittleren Schulabschluss erhalten. Damit erwirbst du dir bessere Aufstiegschancen zu einer gehobenen Berufstätigkeit, ja dir steht damit sogar noch die Möglichkeit zum Studium offen.
Eine gehobenere Berufstätigkeit bringt dir aber nicht nur mehr Anerkennung und größere persönliche Zufriedenheit, sondern sie ist in der Regel auch mit mehr Lohn bzw. Gehalt verbunden. Und wer wüsste es nicht zu schätzen, wenn es im Geldbeutel klingelt.
Darum mein Tipp: Häng dich voll rein für den „Quali"!

mögliche Punkte	erreichte Punkte
4	
14	

Name: Klasse: Datum:

Auf der Jagd nach Synonymen

Finde zum jeweiligen Wortpaar das passende Synonym, also das Wort, das dieselbe Bedeutung hat, wie die beiden anderen Begriffe. Trage es in die Kästchen ein. Die Buchstaben in den grau gefärbten Kästchen ergeben von oben nach unten gelesen den Lösungsbegriff.

Abschnitt		Verkauf
Tanz		Kugel
Niederschlag		Seil
Anstellung		Tätigkeit
Ohren		Besteck
Anliegen		Wunsch
Metallplatte		Unsinn
Feier		hart

Das Lösungswort heißt:

Name:	Klasse:	Datum:

Auf der Jagd nach Synonymen
(Lösung)

Finde zum jeweiligen Wortpaar das passende Synonym, also das Wort, das dieselbe Bedeutung hat, wie die beiden anderen Begriffe. Trage es in die Kästchen ein. Die Buchstaben in den grau gefärbten Kästchen ergeben von oben nach unten gelesen den Lösungsbegriff.

Abschnitt	A	B	S	A	T	Z	Verkauf
Tanz	B	A	L	L			Kugel
Niederschlag	T	A	U				Seil
Anstellung	B	E	R	U	F		Tätigkeit
Ohren	L	Ö	F	F	E	L	Besteck
Anliegen	B	I	T	T	E		Wunsch
Metallplatte	B	L	E	C	H		Unsinn
Feier	F	E	S	T			hart

Das Lösungswort heißt:

B	**L**	**A**	**U**	**L**	**I**	**C**	**H**	**T**

Name: Klasse: Datum:

Entwicklung der Menschheit

Einst haben die Kerls auf den Bäumen gehockt,
behaart und mit böser Visage.
Dann hat man sie aus dem Urwald gelockt
und die Welt asphaltiert und aufgestockt,
bis zur 30. Etage.

Da saßen sie nun, den Flöhen entflohn,
in zentralgeheizten Räumen.
Da sitzen sie nun am Telephon.
Und es herrscht noch genau derselbe Ton
wie seinerzeit auf den Bäumen.

Sie hören weit. Sie sehen fern.
Sie sind mit dem Weltall in Fühlung.
Sie putzen die Zähne Sie atmen modern.
Die Erde ist ein gebildeter Stern
mit sehr viel Wasserspülung.

Sie schießen die Briefschaften durch ein Rohr
Sie jagen und züchten Mikroben
Sie versehn die Natur mit allem Komfort
Sie fliegen steil in den Himmel empor
und bleiben zwei Wochen oben.

Was ihre Verdauung übrig lässt,
das verarbeiten sie zu Watte.
Sie spalten Atome. Sie heilen Inzest.
Und sie stellen durch Stiluntersuchungen fest,
dass Cäsar Plattfüße hatte.

So haben sie mit dem Kopf und dem Mund
den Fortschritt der Menschheit geschaffen.
Doch davon mal abgesehen und
bei Lichte betrachtet, sind sie im Grund
noch immer die alten Affen.

Erich Kästner

Name: Klasse: Datum:

Aufgaben (Antworte stets in vollständigen Sätzen!):	mögliche Punkte	erreichte Punkte
☞☞ Das zeitkritische Gedicht Erich Kästners kennzeichnet in den sechs Strophen mit teilweise ironischen Worten die so genannte Entwicklung der Menschheit. Nenne in Stichworten sechs technische Fortschritte, die im Gedicht angesprochen werden! (je 0,5 Punkte)		
? ______	0,5	
? ______	0,5	
? ______	0,5	
? ______	0,5	
? ______	0,5	
? ______	0,5	
☞☞ Wähle davon drei Erfindungen aus und zeige an ihnen beispielhaft, wie sie dem Menschen nützen!		
______	3	
→		

Name: Klasse: Datum:

möglichePunkte	erreichtePunkte

Entwicklung der Menschheit

(Lösungsvorschlag)

☞☞ Das zeitkritische Gedicht Erich Kästners kennzeichnet in den sechs Strophen mit teilweise ironischen Worten die so genannte Entwicklung der Menschheit. Nenne in Stichworten sechs technische Fortschritte, die im Gedicht angesprochen werden! (je 0,5 Punkte)

? *moderne Bauweise* 0,5

? *Zentralheizung* 0,5

? *Telefon* 0,5

? *Rundfunk* 0,5

? *Fernsehen* 0,5

? *Wasserspülung* 0,5

☞☞ Wähle davon drei Erfindungen aus und zeige an ihnen beispielhaft, wie sie dem Menschen nützen!

? *Die Zentralheizung bringt eine enorme Arbeitserleichterung. Mussten früher Holz, Kohlen oder Öl geschleppt werden, genügt heute ein Knopfdruck und schon wird es schön warm zuhause.*

? *Das Fernsehen bringt uns in Sekundenschnelle die neuesten Nachrichten aus dem hintersten Winkel der Welt ins Wohnzimmer. So sind wir stets perfekt informiert.*

? *Auch mit dem Telefon lassen sich weite Entfernungen schnell überbrücken und so kann ich mich sogar mit meiner Tante in Amerika problemlos unterhalten. Freilich wird das Telefon zunehmend von Handy und Internet verdrängt werden.* 3

Name: Klasse: Datum:

	mögliche Punkte	erreichte Punkte
☞☞☞ Wie jedes Ding, so haben auch Erfindungen ihre Kehrseite. Wähle wieder drei der genannten Erfindungen aus und zeige an ihnen beispielhaft die Nachteile auf, die sie mit sich bringen!	3	
☞☞ In der ersten Strophe des Gedichts findest du die Fremdwörter Visage und Etage. Erkläre! **Visage:**	1	
Etage:	1	
☞☞ Viele technische Erfindungen haben die Arbeitswelt nachhaltig beeinflusst. Welche Folgen solltest du aus dieser Tatsache für dich persönlich ziehen? Nenne zwei! (je 1 Punkt) →	1	

Name:	Klasse:	Datum:		
☞☞☞ Wie jedes Ding, so haben auch Erfindungen ihre Kehrseite. Wähle wieder drei der genannten Erfindungen aus und zeige an ihnen beispielhaft die Nachteile auf, die sie mit sich bringen! ? *Wasserspülung: Sie ist zwar im Prinzip eine feine Sache, doch der Wasserverbrauch steigt dadurch beträchtlich.* ? *Zentralheizung: Ist die Zentralheizung wegen eines Stromausfalls außer Kraft gesetzt, müssen wir im Kalten sitzen. Das kann mit einem Holz-, Kohlen- oder Ölofen nicht passieren.* ? *Fernsehen: Zu vieles Fernsehen schädigt die Augen und macht nervös und man weiß auch, dass die Leistungen in der Schule durch zu langes Sitzen vor der „Glotze" leiden können.*			mögliche Punkte 3	erreichte Punkte
☞☞ In der ersten Strophe des Gedichts findest du die Fremdwörter Visage und Etage. Erkläre! **Visage:** *Visage bedeutet derb und abwertend Gesicht. Beispiel: Der hat aber eine fiese Visage.* **Etage:** *Etage ist ein anderes Wort für Stockwerk, Geschoss. Beispiel: In der obersten Etage ist ein Brand ausgebrochen.*			1 1	
☞☞ Viele technische Erfindungen haben die Arbeitswelt nachhaltig beeinflusst. Welche Folgen solltest du aus dieser Tatsache für dich persönlich ziehen? Nenne zwei! (je 1 Punkt) ? *Zum ersten sollte ich mir bewusst sein, mich auch nach meiner Berufsausbildung ständig fort- und weiterbilden zu müssen, wenn ich meinen Arbeitsplatz einigermaßen sichern will.*			1	

Name:	Klasse:	Datum:		
			mögliche Punkte	erreichte Punkte
			1	

☞☞ Erich Kästners dichterisch kritische Kernaussage gewinnt zusätzliche Aussagekraft durch den sprachlichen Kontrast.

Beispiel: „Die Erde ist ein gebildeter Stern mit sehr viel Wasserspülung.“

Ein weiteres Mittel Kästners ist die Überzeichnung.

Beispiel: „Was ihre Verdauung übrig lässt, das verarbeiten sie zu Watte.“

Versuche Inhalt und Gehalt dieser beiden Textstellen zu klären!

a) „Die Erde ist ein gebildeter Stern mit sehr viel Wasserspülung.“

2

b) „Was ihre Verdauung übrig lässt, das verarbeiten sie zu Watte.“

2

☞☞ In vorliegendem Gedicht ist von den Affen, unseren Vorfahren, die Rede. Sie kommen auch in folgenden Redewendungen vor, deren Sinn du kurz erklären sollst:

- Einen Affen haben: ____________________

2

→

Name:	Klasse:	Datum:

	mögliche Punkte	erreichte Punkte
? *Außerdem sind meine Mobilität und Flexibilität gefragt, da es leicht sein kann, dass meine Arbeitskraft auch andernorts gebraucht wird.*	1	
☞☞ Erich Kästners dichterisch kritische Kernaussage gewinnt zusätzliche Aussagekraft durch den sprachlichen Kontrast. Beispiel: „Die Erde ist ein gebildeter Stern mit sehr viel Wasserspülung." Ein weiteres Mittel Kästners ist die Überzeichnung. Beispiel: „Was ihre Verdauung übrig lässt, das verarbeiten sie zu Watte." Versuche Inhalt und Gehalt dieser beiden Textstellen zu klären!		
a) „Die Erde ist ein gebildeter Stern mit sehr viel Wasserspülung." *Bildung und Wasserspülung bilden große Gegensätze. Die Wasserspülung ist zwar eine segensreiche Erfindung, doch verbindet man mit ihr Dreck, während man unter Bildung ein höheres Gut, nämlich menschliche Größe und Geist versteht.*	2	
b) „Was ihre Verdauung übrig lässt, das verarbeiten sie zu Watte." *Kästner meint damit wahrscheinlich, dass der Mensch in seiner Gewinnsucht und Geschäftstüchtigkeit sogar noch den größten („Scheiß")Dreck zu vermarkten versteht, was aber rein gar nichts mit Kultur zu tun hat.*	2	
☞☞ In vorliegendem Gedicht ist von den Affen, unseren Vorfahren, die Rede. Sie kommen auch in folgenden Redewendungen vor, deren Sinn du kurz erklären sollst: **- Einen Affen haben:** *Wer einen Affen hat, der ist betrunken.* *Beispiel: Der hat aber letzte Woche wieder einen sauberen Affen gehabt.*	2	
→		

Name: Klasse: Datum:

	möglichePunkte	erreichtePunkte
- Vom Affen gebissen sein: ______________________	2	
☞☞ Trotz allen Fortschritts - meint der Dichter - herrscht auch heute genau noch derselbe Ton wie seinerzeit auf den Bäumen und sind sie (wir Menschen) im Grunde noch immer die alten Affen. Was will Erich Kästner damit sagen? Äußere hierzu deine Meinung und begründe sie durch Beispiele! (ca. 1/2 Seite)	4	
	25	

Name:	Klasse:	Datum:

	mögliche Punkte	erreichte Punkte
- Vom Affen gebissen sein: *In der Redewendung „vom Affen gebissen sein“ ist wohl die Meinung vertreten, der Affe könne durch seinen Biss seine zeitweilige Unberechenbarkeit auf den Menschen übertragen.* *Sagt man also zu einem, er sei vom Affen gebissen, dann meint man, er benimmt sich nicht normal.*	2	
☞☞ Trotz allen Fortschritts - meint der Dichter - herrscht auch heute genau noch derselbe Ton wie seinerzeit auf den Bäumen und sind sie (wir Menschen) im Grunde noch immer die alten Affen. Was will Erich Kästner damit sagen? Äußere hierzu deine Meinung und begründe sie durch Beispiele! (ca. 1/2 Seite) *Den Affen, „Vorläufer der Menschen“, fehlten, bzw. fehlen noch heute die geistigen Anlagen und Fähigkeiten, größere Probleme zu lösen, auf längere Sicht zu planen, Fortschritte zu machen, zu erfinden, sich einfach weiter zu entwickeln. Das genau ist es, wovon sie sich von uns Menschen unterscheiden.* *Wir haben diese angesprochenen Fähigkeiten, besser gesagt, wir hätten sie. Doch wie leben wir? Wie benehmen wir uns im Alltag unseren Mitmenschen gegenüber?* *Allzu oft verhalten wir uns unmenschlich, gegen alle Vernunft, gegen alles Wissen und Verständnis. So finden wir beizeiten nicht den passenden Ton im Gespräch mit unserem Gegenüber, brüllen und schreien, zeigen Intoleranz, Neid und Machtgefühle. Kriegerische Auseinandersetzungen sind noch schlimmere Beispiele für die Unbelehrbarkeit von uns „hoch entwickelten Säugetieren“.* *So gesehen befinden sich auch die heutigen Menschen, befinden wir uns noch „auf den Bäumen“, also auf dem Entwicklungsstand der „alten Affen“.*	4	
	25	

Name: Klasse: Datum:

Fremdwörter mit „e“

Suche die jeweils passende Bedeutung folgender Fremdwörter. Setze das passende Fremdwort zum deutschen Ausdruck. Bist du fertig, kannst du die Lösungsfelder farbig ausmalen.
editieren - Effekt - effizient - Egoismus - Energie - elegant - elementar - Ekstase - Emigrant - Ethik - Euphorie

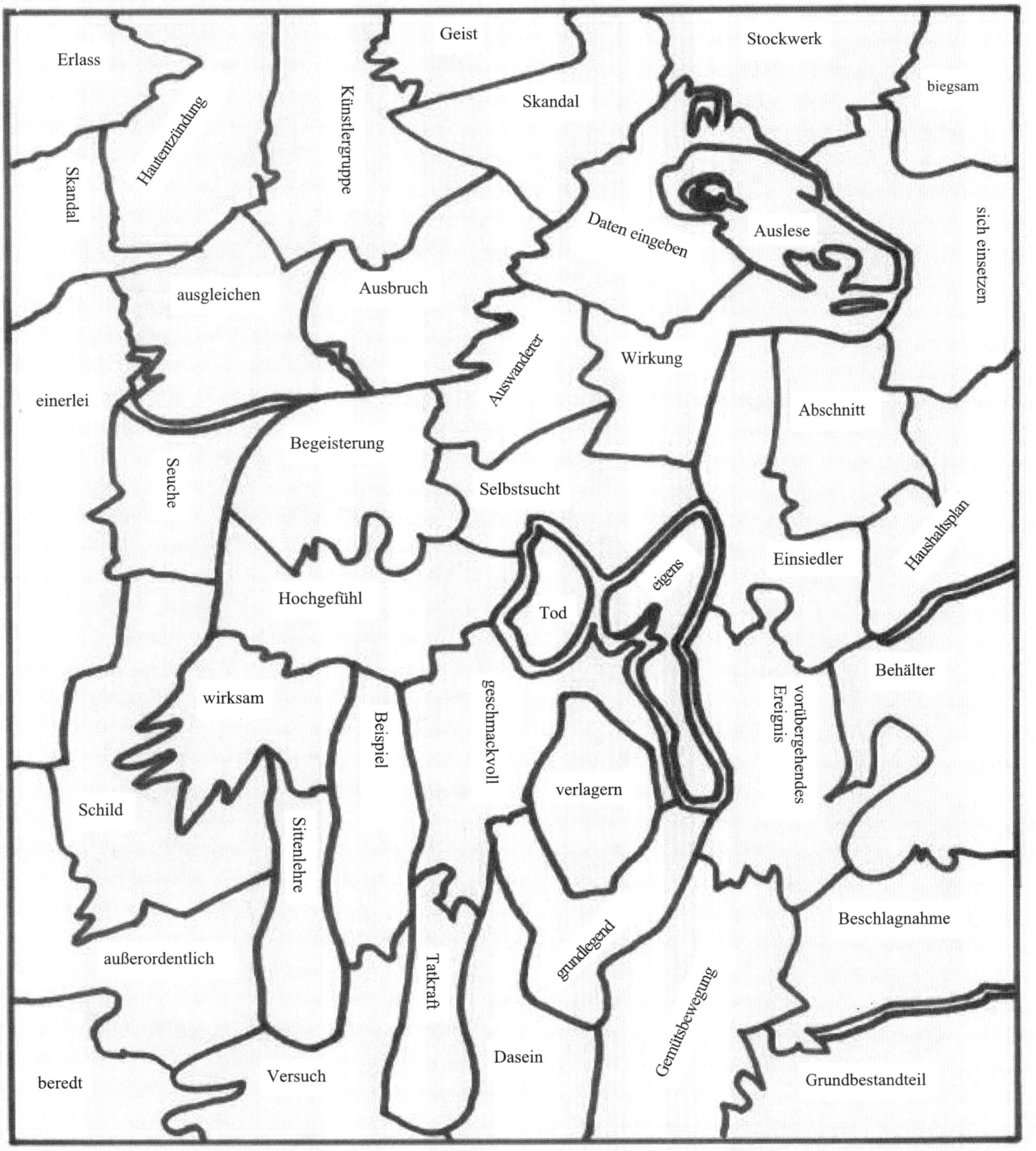

Name: Klasse: Datum:

Fremdwörter mit „e“

Suche die jeweils passende Bedeutung folgender Fremdwörter. Setze das passende Fremdwort zum deutschen Ausdruck. Bist du fertig, kannst du die Lösungsfelder farbig ausmalen.
editieren - Effekt - effizient - Egoismus - Energie - elegant - elementar - Ekstase - Emigrant - Ethik - Euphorie

Name: Klasse: Datum:

Wo fängt Armut an?

Armut ist ein vielschichtiges Phänomen. Das Einkommen beschreibt nur eine seiner Dimensionen. Zwar schrieb schon Goethe: „Arm am Beutel, krank am Herzen", doch mit Geld allein ist vielen Armen kaum zu helfen. Überfüllte Wohnungen, hungernde und verwahrloste Kinder, abgestellte Strom- und Telefonanschlüsse in den Slums amerikanischer Großstädte zeugen zweifellos von Armut. Doch ist es nicht in erster Linie der Mangel an Geld, der die Kinder dort zu schlechten Schülern und jungen Kriminellen macht - es sind der Mangel an Aufsicht, ein ungeordnetes Zuhause, oft das Fehlen des Familienvaters.

Würde man das Einkommen der Familien dieser Kinder von der aktuellen Armutsgrenze von 15 000 auf 30 000 Dollar im Jahr verdoppeln, gingen Kriminalität und Zahl der Schulabbrecher („drop out rates") kaum wesentlich zurück, wie einschlägige Studien übereinstimmend zeigen. Das Geld würde für Geschirrspüler, Zweitautos und Diskothekenbesuche der Eltern ausgegeben. Die Kinder hätten davon nichts und wären genauso arm wie zuvor.

Nach dieser „Subkultur-Theorie" ist Armut weniger durch Einkommen als durch Verhalten und Charakter der Armen bedingt. Armut wäre demnach im Wesentlichen gleichbedeutend mit dem Unvermögen, sich selbst aus Zwangslagen herauszuhelfen - also einem Mangel an dem, was man gemeinhin als Intelligenz bezeichnet.

(aus: „Wirtschaftsspiegel" 4/2003)

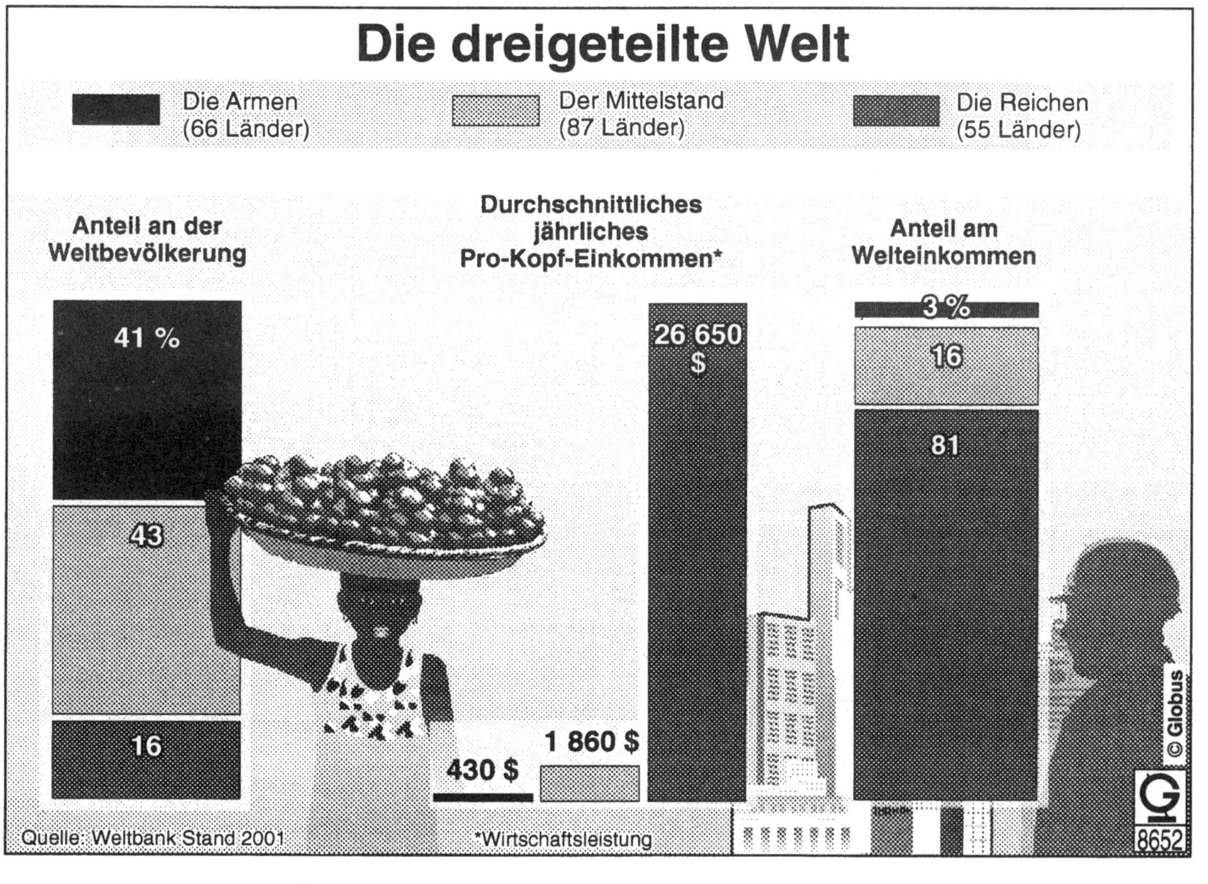

Name: Klasse: Datum:

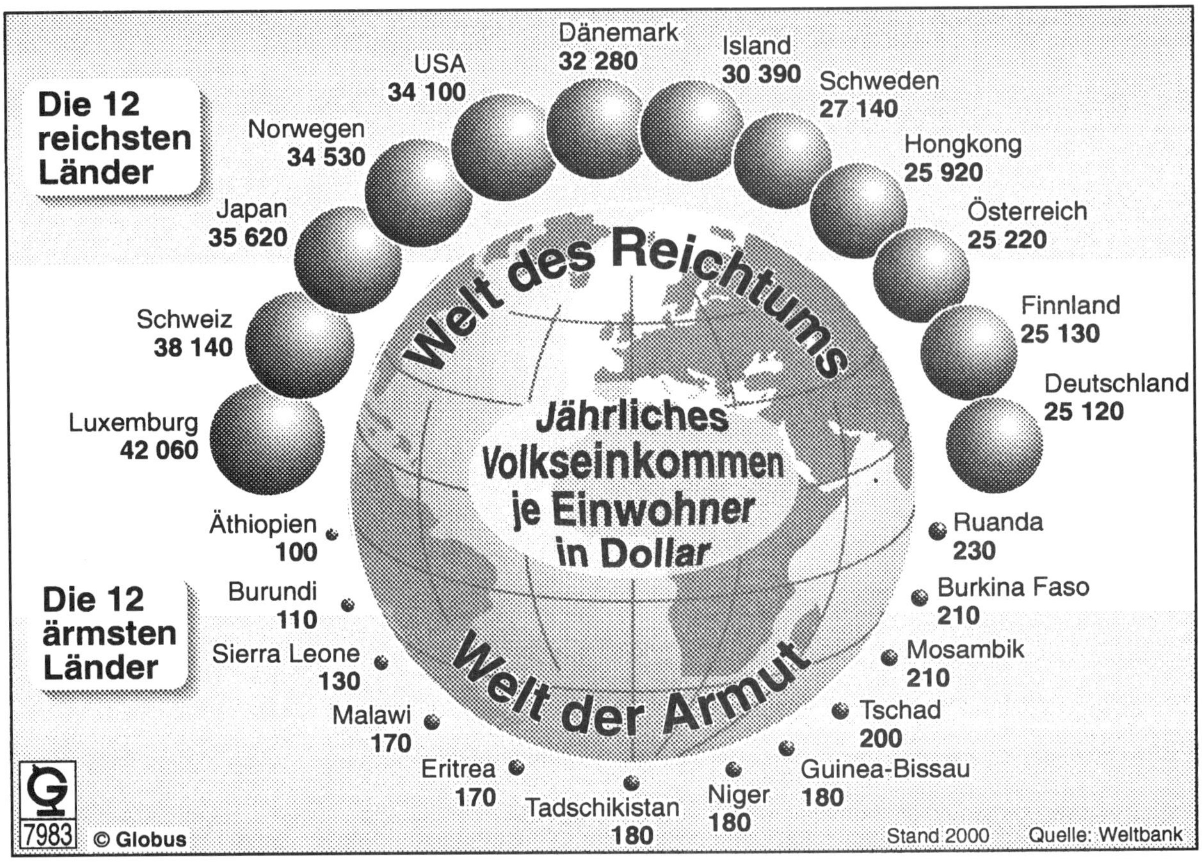

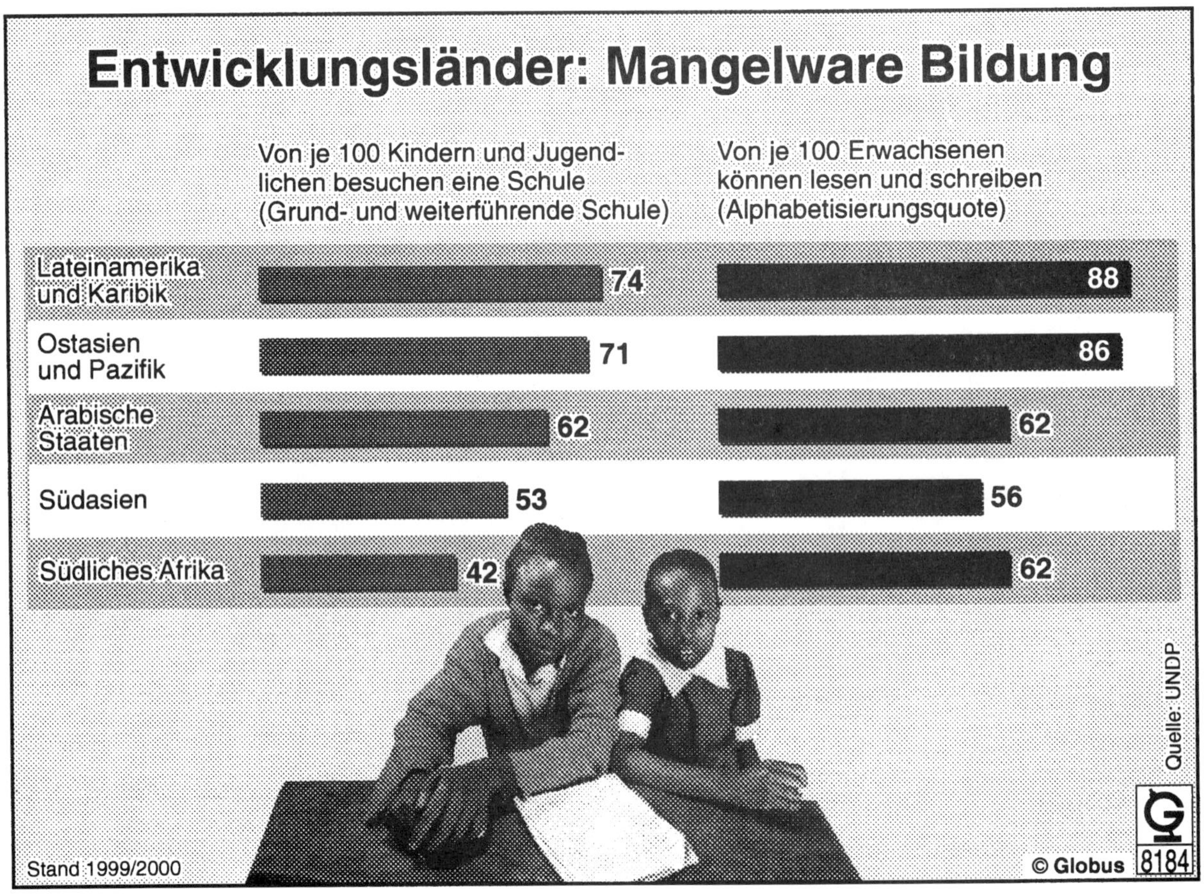

Name: Klasse: Datum:

mögliche Punkte	erreichte Punkte

Wo fängt Armut an?

Aufgaben
(Antworte stets in vollständigen Sätzen!):

☞☞ Welche Information
- kann man dem Text bzw. den Abbildungen entnehmen,
- ist nicht im Text bzw. in den Abbildungen zu finden,
- sagt genau das Gegenteil einer Textaussage bzw. der Abbildungen aus?

Kreuze jeweils eine Lösung pro Zeile an!

	Diese Information **kann man** dem Text/ den Bildern **entnehmen.**	Diese Information **kann man** dem Text/ den Bildern **nicht entnehmen.**	**Das Gegenteil** dieser Aussage steht im Text/in den Bildern.	mögliche Punkte
Die Armutsgrenze in Deutschland liegt unter einem Einkommen von rund 800 €.				0,5
Die Zahl der Kindersterblichkeit ist im südlichen Afrika am geringsten.				0,5
Würde man das Einkommen armer Familien verdoppeln, ging die Kriminalitätsrate wesentlich zurück.				0,5
Armut ist nicht in erster Linie auf den Mangel an Geld zurückzuführen.				0,5
Das Schaubild gibt keine Angaben über die Analphabetenrate der Frauen in Ländern mit hohem Einkommen.				0,5

→

Name:	Klasse:	Datum:

möglichePunkte	erreichte Punkte

Wo fängt Armut an?

(Lösungsvorschlag)

Aufgaben
(Antworte stets in vollständigen Sätzen!):

☞☞ Welche Information
- kann man dem Text bzw. den Abbildungen entnehmen,
- ist nicht im Text bzw. in den Abbildungen zu finden,
- sagt genau das Gegenteil einer Textaussage bzw. der Abbildungen aus?

Kreuze jeweils eine Lösung pro Zeile an!

	Diese Information **kann man** dem Text/ den Bildern **entnehmen.**	Diese Information **kann man** dem Text/ den Bildern **nicht entnehmen.**	**Das Gegenteil** dieser Aussage steht im Text/in den Bildern.	mögliche Punkte
Die Armutsgrenze in Deutschland liegt unter einem Einkommen von rund 800 €.		?		0,5
Die Zahl der Kindersterblichkeit ist im südlichen Afrika am geringsten.			?	0,5
Würde man das Einkommen armer Familien verdoppeln, ging die Kriminalitätsrate wesentlich zurück.			?	0,5
Armut ist nicht in erster Linie auf den Mangel an Geld zurückzuführen.	?			0,5
Das Schaubild gibt keine Angaben über die Analphabetenrate der Frauen in Ländern mit hohem Einkommen.	?			0,5

→

Name:	Klasse:	Datum:	
		mögliche Punkte	**erreichte Punkte**
☞☞ Erkläre die Bedeutung folgender Fremdwörter, die im Text zu finden sind!			
a) Dimension: ______		1	
b) Theorie: ______		1	
c) Studie: ______		1	
☞☞ Goethe schrieb: „Arm am Beutel, krank am Herzen". Erkläre, was dieser große deutsche Dichter damit wohl gemeint hat!		2	
☞☞ Was bedeutet die Redensart „einem unter die Arme greifen"? Erkläre in einem Satz!		2	
→			

Name: Klasse: Datum:

	mögliche Punkte	erreichte Punkte
☞☞ Erkläre die Bedeutung folgender Fremdwörter, die im Text zu finden sind!		
a) Dimension: *Dimension heißt Ausmaß, Bereich.* *Beispiel: Die Katastrophe nahm ungeheuere Dimensionen an.*	1	
b) Theorie: *Unter einer Theorie ist eine Lehre, Meinung oder Ansicht zu verstehen.* *Beispiel: In der Theorie bringt er ausgezeichnete Leistungen, aber in der Praxis ist er eine Null.*	1	
c) Studie: *Wer eine Studie anfertigt, leistet wissenschaftliche Arbeit.* *Beispiel: Sie arbeitet an einer Studie über die Lesefähigkeit von Hauptschülern.*	1	
☞☞ Goethe schrieb: „Arm am Beutel, krank am Herzen". Erkläre, was dieser große deutsche Dichter damit wohl gemeint hat!		
Wer kein Geld hat, kann sich deshalb nichts leisten, oft nicht einmal das, was er am nötigsten zum Leben braucht, nämlich Nahrung, Kleidung und eine menschengerechte Unterkunft. So wird er krank, aber nicht nur körperlich, sondern auch seelisch, weil das Leben an ihm vorbei geht. *Er wird krank vom Gemüt her, krank am Herzen.*	2	
☞☞ Was bedeutet die Redensart „einem unter die Arme greifen"? Erkläre in einem Satz!		
Wer einem unter die Arme greift, stützt ihn, leistet ihm Gehhilfe, er hilft ihm im übertragenen Sinn.	2	
→		

Name: Klasse: Datum:

mögliche Punkte | erreichte Punkte

☞☞ Im 3. Abschnitt des Textes wird die Theorie vertreten, Armut sei weniger durch das Einkommen als durch Verhalten und Charakter der Armen bedingt.

a) Welchem Mangel wird die Schuld an der Armut zugeschrieben? Zitiere aus dem Text!

Zitat: ______________________________

____

____

______________________________ 1

b) Bist du mit dieser Ansicht einverstanden? Nimm kurz hierzu Stellung und begründe! (ca. 1/4 Seite)

____

____

____

____

____

____

______________________________ 3

☞☞ Beschreibe den „Teufelskreis der Armut“! Beginne mit dem Feld „Hunger und Unterernährung“!
(ca. 1/2 Seite)

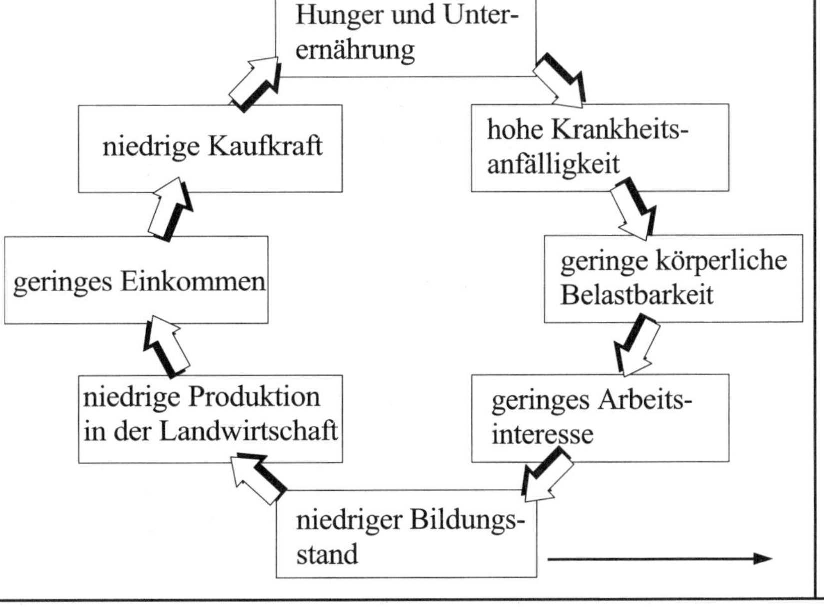

Name: Klasse: Datum:

möglicher Punkte	erreichte Punkte
1	
3	

☞☞ Im 3. Abschnitt des Textes wird die Theorie vertreten, Armut sei weniger durch das Einkommen als durch Verhalten und Charakter der Armen bedingt.

a) Welchem Mangel wird die Schuld an der Armut zugeschrieben? Zitiere aus dem Text!

Zitat: „*...Armut wäre demnach im Wesentlichen gleichbedeutend mit dem Unvermögen, sich selbst aus Zwangslagen herauszuhelfen - also einem Mangel an dem, was man gemeinhin an Intelligenz bezeichnet. ...*“

b) Bist du mit dieser Ansicht einverstanden? Nimm kurz hierzu Stellung und begründe! (ca. 1/4 Seite)

Damit bin ich überhaupt nicht einverstanden, denn das würde bedeuten, dass alle Armen dumm wären. Das stimmt aber nicht. Denn viele haben gar keine Chance, ihren Teufelskreis zu durchbrechen. Ich denke hier in erster Linie an die Armen der Dritten Welt, besonders an die Armen ehemaliger Kolonialländer. Zuerst von uns ausgebeutet, sind diese Nationen und damit die meisten ihrer Bürger auch heute noch von den westlichen Industriestaaten abhängig.

☞☞ Beschreibe den „Teufelskreis der Armut“! Beginne mit dem Feld „Hunger und Unterernährung“!
(ca. 1/2 Seite)

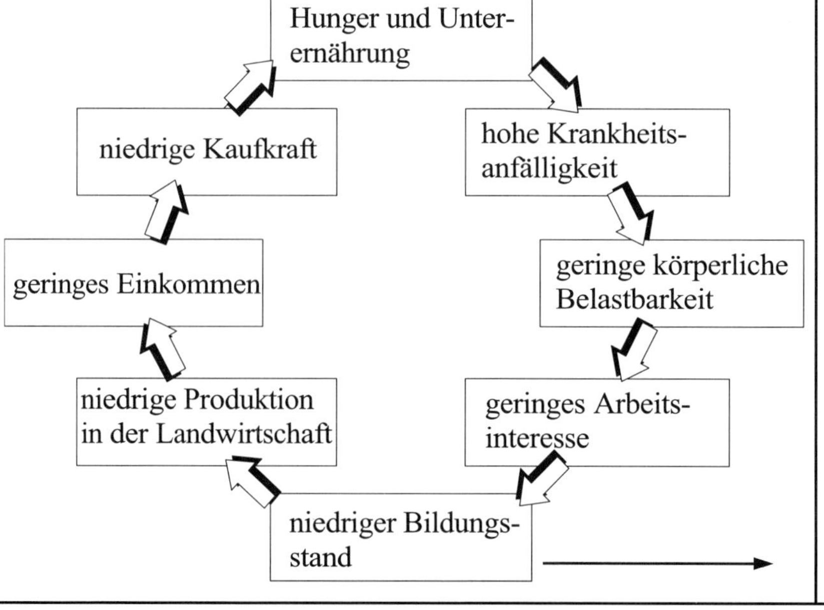

Name: Klasse: Datum:

	möglichche Punkte	erreichte Punkte
	1	
	6	
☞☞ Finde drei Synonyme (= gleich oder ähnlich bedeutende Wörter) für „arm“!	1,5	
☞☞ Was bedeutet für dich „arm“? Charakterisiere den Begriff „Armut“ durch Kennzeichen, die dir persönlich wichtig erscheinen! (ca. 1/4 Seite)		
→	3	

Name: Klasse: Datum:

	mögliche Punkte	erreichte Punkte
Wer an Hunger und Unterernährung leidet, der ist infolge seines geschwächten Körpers anfälliger für Krankheiten und nur geringer belasbar als jemand, der gut verdient und keine Existenzsorgen zu haben braucht. Infolge seiner Schwächung, weil ihm die körperliche Kraft fehlt, zeigt er nur geringes Arbeitsinteresse, was auch die Fort- und Weiterbildung betrifft. So bleibt er immer hinten dran. *Dieser niedrige Bildungsstand schließlich führt dazu, dass in den Entwicklungsländern häufig noch veraltete Produktionsmethoden zum Einsatz kommen. Die Ernte fällt dadurch minimal aus und ebenso auch das Einkommen hieraus. Und nun schließt sich allmählich der Teufelskreis. Weil nämlich wenig Einnahmen aus der Arbeit zur Verfügung stehen, sind wieder Hunger und Unterernährung vorprogrammiert.*	6	
☞☞ Finde drei Synonyme (= gleich oder ähnlich bedeutende Wörter) für „arm“! *mittellos, bedürftig, notleidend*	1,5	
☞☞ Was bedeutet für dich „arm“? Charakterisiere den Begriff „Armut“ durch Kennzeichen, die dir persönlich wichtig erscheinen! (ca. 1/4 Seite) *Arm ist für mich, wer zu wenig Geld zum Leben hat, wer sich aus eigener Kraft nicht mehr leisten kann, was er zum Leben, zum Überleben braucht, wie Nahrung, Kleidung und Wohnung.* *Arm ist also der, der auf die Hilfe anderer nicht mehr verzichten kann.* *Arm in einem anderen Sinn sind für mich aber auch die Menschen, die sich alles leisten können, die im Überfluss leben und wegen dieses Überflusses sich nicht einmal mehr über die kleinen Dinge des Lebens freuen und sie genießen können.*	3	
→		

Name:	Klasse:	Datum:

☞☞ An deiner Schule sollen die Einnahmen eines Bazars, den die siebten Klassen im Fach Arbeitslehre zum Thema „Markt“ veranstalten, Straßenkindern in Indien zugute kommen.
Rufe in einem Flugblatt deine MitschülerInnen auf, sich für diesen guten Zweck zu engagieren und begründe auch den Sinn dieser Hilfsmaßnahme!
(ca. 1 Seite)

mögliche Punkte	erreichte Punkte
8	
34	

Name:	Klasse:	Datum:

☞☞ An deiner Schule sollen die Einnahmen eines Bazars, den die siebten Klassen im Fach Arbeitslehre zum Thema „Markt“ veranstalten, Straßenkindern in Indien zugute kommen.
Rufe in einem Flugblatt deine MitschülerInnen auf, sich für diesen guten Zweck zu engagieren und begründe auch den Sinn dieser Hilfsmaßnahme!
(ca. 1 Seite)

mögliche Punkte	erreichte Punkte
8	
34	

Sind Hunger und Armut unser Problem?

Etwa die Hälfte der Menschheit leidet an Hunger und Unterernährung. Wer kennt sie nicht, die Bilder von Kindern mit großen, traurigen Augen, mit aufgequollenen Bäuchen, armselige Kreaturen, die nur mehr aus Haut und Knochen bestehen. - Aber ist das unser Problem?
Ja, denn unsere, deine Welt ist klein geworden. Niemand mehr kann sich aus der Verantwortung für unsere eine Welt stehlen. Denn auch unsere wie deine Zukunft hängt vom Wohlergehen der Menschen in den Entwicklungsländern ab?
Wieso?
Wird der Abstand zwischen Entwicklungs- und Industrieländern immer größer, wächst der Neid, der, wie leidvolle Erfahrungen lehren, zu Hass, Terrorismus und Kriegen führt. Und diese machen auch vor uns nicht Halt.
Deshalb ist dein persönlicher Einsatz ungeheuer wichtig. Hilf mit, dass der Bazar der siebten Klassen zugunsten der Straßenkinder in Indien ein voller Erfolg wird! Dein Arbeitseinsatz, deine Sach- und Geldspenden sind gefragt.
Mach mit für eine bessere Zukunft der Straßenkinder in Indien, mach mit für unsere, deine eigene Zukunft!
Entwicklungshilfe ist Pflicht für jeden als Voraussetzung für den Frieden auf der Welt.

Dein Schülerzeitungsteam

Name: Klasse: Datum:

Auf der Jagd nach Synonymen

Finde zum jeweiligen Wortpaar das passende Synonym, also das Wort, das dieselbe Bedeutung hat, wie die beiden anderen Begriffe. Trage es in die Kästchen ein. Die Buchstaben in den grau gefärbten Kästchen ergeben von oben nach unten gelesen den Lösungsbegriff.

Frau	☐☐▒☐	Schachfigur
Werkstoff	☐▒☐	Klang
Herrenhut	☐☐☐☐☐☐☐▒	Hohlkörper
Start	☐☐☐☐☐▒	Beginn
gemütlich	☐▒☐☐☐☐	faul
formen	☐☐☐☐☐▒	erziehen
Beschreibung	☐☐▒☐☐☐☐	Mitteilung
Amtszimmer	☐☐☐▒	Schreibstube
hier	☐☐☐▒	da

Das Lösungswort heißt: ☐☐☐☐☐☐☐☐☐

Name: Klasse: Datum:

Auf der Jagd nach Synonymen

Finde zum jeweiligen Wortpaar das passende Synonym, also das Wort, das dieselbe Bedeutung hat, wie die beiden anderen Begriffe. Trage es in die Kästchen ein. Die Buchstaben in den grau gefärbten Kästchen ergeben von oben nach unten gelesen den Lösungsbegriff.

Frau	D	A	M	E					Schachfigur
Werkstoff	T	O	N						Klang
Herrenhut	Z	Y	L	I	N	D	E	R	Hohlkörper
Start	A	N	F	A	N	G			Beginn
gemütlich	B	E	Q	U	E	M			faul
formen	B	I	L	D	E	N			erziehen
Beschreibung	B	E	R	I	C	H	T		Mitteilung
Amtszimmer	B	Ü	R	O					Schreibstube
hier	D	O	R	T					da

Das Lösungswort heißt: **M O R G E N R O T**

Name: Klasse: Datum:

Die Deutschen lassen es qualmen. Pro Jahr konsumieren sie ca. 142,5 Milliarden Zigaretten. Damit ist Tabak nach Alkohol das am weitesten verbreitete Suchtmittel. Nach Schätzung der Hauptstelle für Suchtfragen in Hamm sind 17 Millionen Bundesbürger Raucher, 5,8 Millionen von ihnen vom Tabak abhängig.
Dass Rauchen gesundheitsschädlich ist, steht außer Zweifel. Neben dem Suchtstoff Nikotin enthält der Tabakrauch mehr als 3500 Schadstoffe, darunter Hunderte von Krebs auslösenden Substanzen. Aber trotz Aufklärungsmaßnahmen zeige sich gerade bei den Rauchern, so Ministerialrat Dr. Rolf Baumann, langjähriger Drogenbeauftragter der Bayerischen Staatsregierung, „das für alle Suchtkranken typische Phänomen einer mangelnden Einsichtsfähigkeit“. Das hat gravierende Folgen:
Mehr als 110000 Todesfälle, darunter 43000 Krebs-, 37000 Herz- und Kreislauf- sowie rund 30000 Atemwegserkrankungen gehen pro Jahr auf das Konto des Tabakrauchens.
Besonders schlimm ist es, wenn man schon in jungen Jahren zu rauchen beginnt. Denn je früher dieser Zeitpunkt liegt, desto mehr wird der Körper, der sich noch in der Wachstumsphase befindet, belastet. Darüber hinaus ist dann die Gefahr, vom Nikotin abhängig zu werden, ungleich höher.
Nach der Studie „Gesundheitsverhalten von Jugendlichen in Bayern 2000“ beginnen inzwischen fast zwei Drittel der jugendlichen Raucher schon vor dem 16. Lebensjahr mit dem Rauchen. Dies ist vor allem auf den sprunghaften Anstieg derjenigen zurückzuführen, die schon mit 12 und 13 Jahren zur Zigarette gegriffen haben - eine bedenkliche Entwicklung.
Allerdings gibt es auch einen Hoffnungsschimmer. So ist die Zahl der Raucher zwischen 12 und 25 nach Angaben der Bundeszentrale für gesundheitliche Aufklärung in den vergangenen zwei Jahrzehnten zurückgegangen - von 44 Prozent im Jahre 1979 auf 38 Prozent im Jahr 2001. Und rund zwei Drittel der jugendlichen Raucher wollen aufhören oder zumindest weniger rauchen.
Was Sorge macht, ist die Entwicklung in den jüngeren Altersgruppen.
Denn gerade von den jungen Mädchen zwischen zwölf und 15 Jahren greifen der Studie der Bundeszentrale zufolge viele regelmäßig zur Zigarette und haben mit 21 Prozent inzwischen ihre männlichen Altersgenossen überholt. Für die Mädchen scheint, wie die Autoren einer Bielefelder Studie vermuten, Nikotinkonsum immer mehr zum „Rollenbild der modernen Frau“ zu gehören.
Warum fangen Jugendliche überhaupt mit dem Rauchen an? Was reizt sie, trotz der gesundheitlichen Risiken zu rauchen? Nach der Berliner Studie „Gesundheit im Kindesalter“ beginnen junge Leute mit dem Rauchen, weil es ebenso wie der Alkohol, als „Symbol für Status und Reife“ zu Ansehen unter Gleichaltrigen verhilft. Man möchte mit dem Rauchen „dazugehören“, vor allem, wenn auch der beste Freund bzw. die beste Freundin oder die Mehrheit der Clique raucht. Zunächst also sei Rauchen, so die Studie, für junge Leute ein Teil des Sozialverhaltens, erst später werde die Gewohnheit zur Sucht.

(nach „EZ“, 1/2003)

Name: Klasse: Datum:

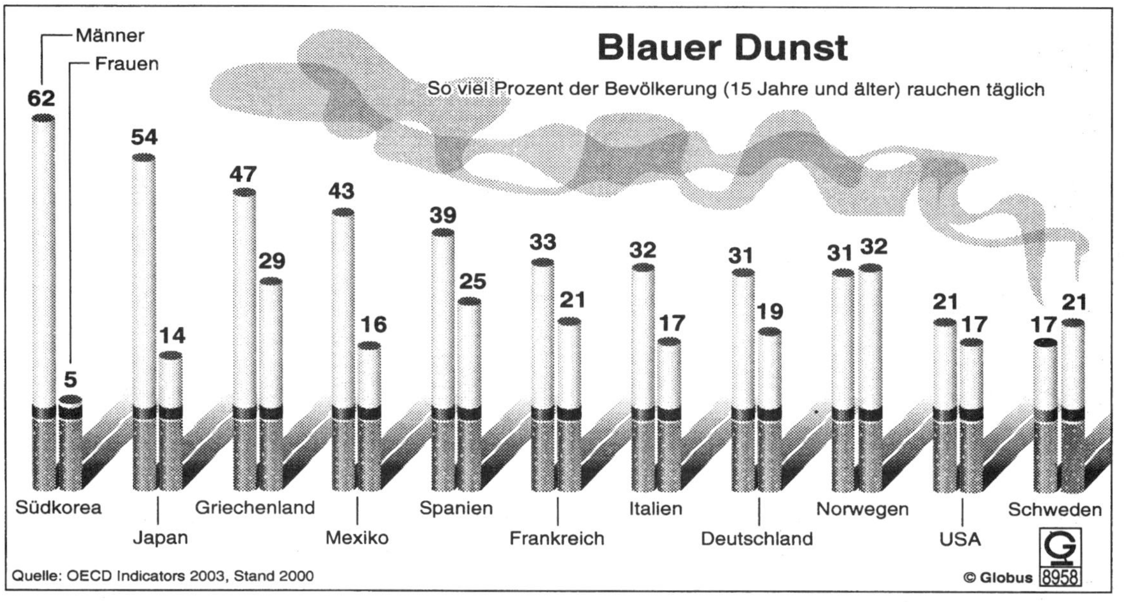

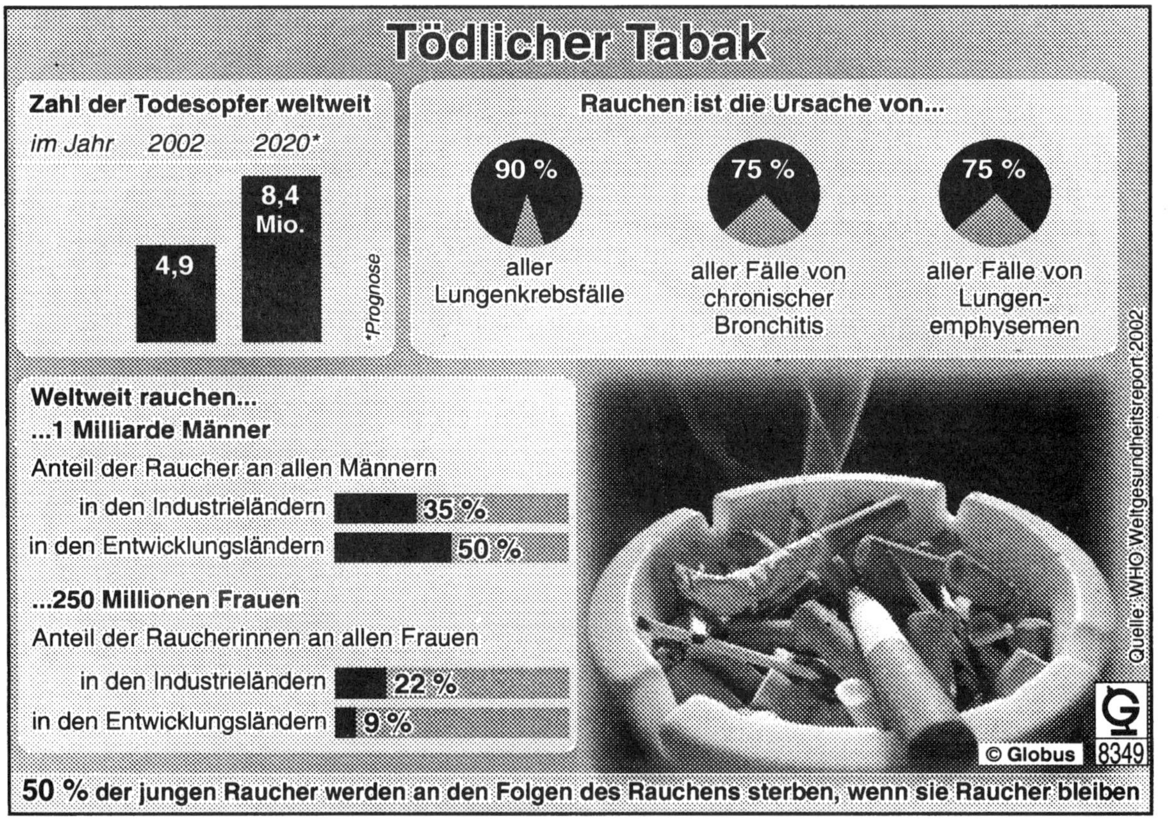

Wer stetig zur Zigarette greift, zwingt Zug um Zug seine Gesundheit in die Knie. Tabak rangiert nach Angaben der Weltgesundheitsorganisation (WHO) auf Platz vier der gefährlichsten Gesundheitsrisiken weltweit.

Aus gutem Grund:

Der blaue Dunst fordert jedes Jahr etwa 4,9 Millionen Todesopfer, bis zum Jahr 2020 wird diese Rate nach Schätzungen der WHO sogar auf 8,4 Millionen pro Jahr steigen. Die weltweit rund 1,3 Milliarden Raucherinnen und Raucher inhalieren mit jedem Zigarettenzug über 4 000 chemische Substanzen, von denen mindestens 60 als krebserregend oder als krebsverdächtig gelten. 90 Prozent aller Lungenkrebsfälle und 75 Prozent aller Fälle von chronischer Bronchitis und von Lungenemphysemen werden durch das Rauchen verursacht. Gerade junge Leute sollten ihre Weichen rechtzeitig in Richtung rauchfreie Zukunft stellen. Denn vermutlich werden 50 Prozent der heutigen jugendlichen Raucherinnen und Raucher an den Folgen des Tabakkonsums sterben, wenn sie weiter am Glimmstengel festhalten. Im Feldzug gegen das Rauchen hat die WHO unter großem internationalen Zuspruch eine Anti-Tabak-Konvention auf den Weg gebracht, die unter anderem einweltweites Werbeverbot für Tabak vorsieht

Name:	Klasse:	Datum:

Aufgaben zum Text
(Antworte stets in vollständigen Sätzen!):

	mögliche Punkte	erreichte Punkte
☞☞ Finde eine passende Überschrift zum Text!	1	

☞☞ Welche Information
- kann man dem Text bzw. den Abbildungen entnehmen,
- ist nicht im Text bzw. den Abbildungen zu finden,
- sagt genau das Gegenteil einer Textaussage bzw. der Abbildungen aus?

Kreuze jeweils eine Lösung pro Zeile an!

	Diese Information **kann man** dem Text/ den Bildern **entnehmen.**	Diese Information **kann man** dem Text/ den Bildern **nicht entnehmen.**	**Das Gegenteil** dieser Aussage steht im Text/in den Bildern.	mögliche Punkte
Die Raucherquote der 12- bis 25-Jährigen in Deutschland beträgt 38 %.				0,5
Rund zwei Drittel der jugendlichen Raucher wollen aufhören oder zumindest weniger rauchen.				0,5
Die Gefahr, vom Nikotin abhängig zu werden, ist in jungen Jahren geringer.				0,5
Nikotinkonsum scheint für die Mädchen zum „Rollenbild der modernen Frau“ zu gehören.				0,5

→

Name:	Klasse:	Datum:

Aufgaben zum Text
(Antworte stets in vollständigen Sätzen!):

	mögliche Punkte	erreichte Punkte

☞☞ Finde eine passende Überschrift zum Text!

Die Deutschen lassen es qualmen. 1

☞

☞☞ Welche Information
- kann man dem Text bzw. den Abbildungen entnehmen,
- ist nicht im Text bzw. den Abbildungen zu finden,
- sagt genau das Gegenteil einer Textaussage bzw. der Abbildungen aus?

Kreuze jeweils eine Lösung pro Zeile an!

	Diese Information **kann man** dem Text/ den Bildern **entnehmen.**	Diese Information **kann man** dem Text/ den Bildern **nicht entnehmen.**	**Das Gegenteil** dieser Aussage steht im Text/in den Bildern.	mögliche Punkte
Die Raucherquote der 12- bis 25-Jährigen in Deutschland beträgt 38 %.		?		0,5
Rund zwei Drittel der jugendlichen Raucher wollen aufhören oder zumindest weniger rauchen.	?			0,5
Die Gefahr, vom Nikotin abhängig zu werden, ist in jungen Jahren geringer.			?	0,5
Nikotinkonsum scheint für die Mädchen zum „Rollenbild der modernen Frau“ zu gehören.	?			0,5

→

Name:	Klasse:	Datum:	

		mögliche Punkte	erreichte Punkte
③	Folgende Begriffe kommen im Text als Fremdwörter vor:		
	a) Freundeskreis:	0,5	
	b) Zeichen:	0,5	
	c) Erscheinungsbild:	0,5	
	d) schwer wiegend:	0,5	
	e) Stoffe:	0,5	
	Suche die passenden Fremdwörter und ordne sie entsprechend zu!		
④	Finde jeweils einen passenden Ausdruck für die unterstrichenen Wörter!		

Beispiel: Die Deutschen lassen es <u>qualmen.</u>	Die Deutschen lassen es <u>rauchen.</u>	mögliche Punkte
Neben dem Nikotin enthält der Tabakrauch Krebs <u>auslösende</u> Substanzen.		0,5
Besonders <u>schlimm</u> ist es, wenn man schon in jungen Jahren zu rauchen beginnt.		0,5
Die Zahl der Raucher zwischen 12 und 25 <u>ist zurückgegangen</u>.		0,5
Warum <u>fangen</u> Jugendliche überhaupt mit dem Rauchen <u>an</u>?		0,5

→

Name:	Klasse:	Datum:		

☞☞ Folgende Begriffe kommen im Text als Fremdwörter vor: | mögliche Punkte | erreichte Punkte

a) Freundeskreis: *Clique* 0,5

b) Zeichen: *Symbol* 0,5

c) Erscheinungsbild: *Phänomen* 0,5

d) schwer wiegend: *gravierend* 0,5

e) Stoffe: *Substanzen* 0,5

Suche die passenden Fremdwörter und ordne sie entsprechend zu!

☞ Finde jeweils einen passenden Ausdruck für die unterstrichenen Wörter!

		mögliche Punkte
Beispiel: Die Deutschen lassen es qualmen.	Die Deutschen lassen es rauchen.	
Neben dem Nikotin enthält der Tabakrauch Krebs auslösende Substanzen.	*Neben dem Nikotin enthält der Tabakrauch Krebs hervorrufende (bewirkende) Substanzen.*	0,5
Besonders schlimm ist es, wenn man schon in jungen Jahren zu rauchen beginnt.	*Besonders beängstigend (bedenklich) ist es, wenn man schon in jungen Jahren zu rauchen beginnt.*	0,5
Die Zahl der Raucher zwischen 12 und 25 ist zurückgegangen.	*Die Zahl der Raucher zwischen 12 und 25 hat sich verringert.*	0,5
Warum fangen Jugendliche überhaupt mit dem Rauchen an?	*Warum beginnen Jugendliche überhaupt mit dem Rauchen?*	0,5

⟶

Name:	Klasse:	Datum:		

	mögliche Punkte	erreichte Punkte
☞☞ Erkläre kurz folgende Sprichwörter bzw. Redewendungen, die mit „Rauch“ bzw. „Brand“ zu tunhaben!		
Jemand ist völlig abgebrannt: ______ ______	2	
Mit jemandem die Friedenspfeife rauchen: ______ ______	2	
Er oder sie raucht keinen Guten: ______ ______	2	
☞☞ Nenne in Stichpunkten vier unterschiedliche Folgen des Rauchens! (je 0,5 P)		
? ______	0,5	
? ______	0,5	
? ______	0,5	
? ______	0,5	
☞☞ Warum ist es besonders schlimm, wenn man schon in jungen Jahren zu rauchen beginnt? Begründe mit eigenen Worten! (zwei Beispiele)		
______ ______ ______ ______ ______ ______ →	2	

Name:	Klasse:	Datum:	mögliche Punkte	erreichte Punkte

☞☞ Erkläre kurz folgende Sprichwörter bzw. Redewendungen, die mit „Rauch“ bzw. „Brand“ zu tunhaben!

		mögliche Punkte
Jemand ist völlig abgebrannt:	*Wer völlig abgebrannt ist, hat sein gesamtes Vermögen verloren. Er hat keinen Cent mehr.*	2
Mit jemandem die Friedenspfeife rauchen:	*Mit jemandem die Friedenspfeife rauchen meint, mit ihm Frieden zu schließen, das Kriegsbeil zu begraben.*	2
Er oder sie raucht keinen Guten:	*Wer keinen Guten raucht, der ist „stinkig“, das heißt, er ist schlecht drauf, hat keine gute Laune.*	2

☞☞ Nenne in Stichpunkten vier unterschiedliche Folgen des Rauchens! (je 0,5 P)

? *Abhängigkeit bzw. Sucht* 0,5

? *schwere Erkrankungen wie Krebs usw.* 0,5

? *Tod* 0,5

? *schwere Belastungen des Körpers* 0,5

☞☞ Warum ist es besonders schlimm, wenn man schon in jungen Jahren zu rauchen beginnt? Begründe mit eigenen Worten! (zwei Beispiele)

Wer bereits mit jungen Jahren zu rauchen beginnt, schadet seinem Körper mehr als beispielsweise ein Erwachsener, da er sich ja noch in der Wachstumsphase befindet. Er macht seine lebenswichtigen Organe wie Lunge, Herz usw. systematisch kaputt, weil die Giftstoffe, z. B. Teer, in der Lunge abgelagert werden und dort ein Leben lang verbleiben. Außerdem ist bewiesen, dass Kinder und jugendliche Raucher ungleich schneller vom Nikotin abhängig werden als Erwachsene. 2

→

Name:	Klasse: Datum:		
		mögliche Punkte	erreichte Punkte
☞☞ Woran liegt es, dass Aufklärungsmaßnahmen über die Schädlichkeit des Rauchens kaum Erfolg haben? Zitiere aus dem Text! Zitat: ______		1	
☞☞ Warum fangen Jugendliche überhaupt mit dem Rauchen an? Nenne **in Stichpunkten** zwei unterschiedliche Gründe aus dem Text! (je 0,5 P)			
? ______		0,5	
? ______		0,5	
☞☞ Jugendliche Raucher sind später auch anfällig für andere Drogen und flüchten sich bei Problemen allzu leicht in so genannte Scheinwelten. Zeige am Beispiel **einer** dieser Scheinwelten auf, warum eine solche Flucht ausweglos enden muss!			
→		4	

Name:	Klasse: Datum:	

	mögliche Punkte	erreichte Punkte
☞☞ Woran liegt es, dass Aufklärungsmaßnahmen über die Schädlichkeit des Rauchens kaum Erfolg haben? Zitiere aus dem Text!		
Zitat: *„Aber trotz Aufklärungsmaßnahmen zeige sich gerade bei den Rauchern...das für alle Suchtkranken typische Phänomen einer mangelnden Einsichtsfähigkeit.“*	1	
☞☞ Warum fangen Jugendliche überhaupt mit dem Rauchen an? Nenne **in Stichpunkten** zwei unterschiedliche Gründe aus dem Text! (je 0,5 P)		
? *Rollenbild der modernen Frau*	0,5	
? *Symbol für Status und Reife*	0,5	
☞☞ Jugendliche Raucher sind später auch anfällig für andere Drogen und flüchten sich bei Problemen allzu leicht in so genannte Scheinwelten. Zeige am Beispiel **einer** dieser Scheinwelten auf, warum eine solche Flucht ausweglos enden muss!		
Mit Problemen in der Familie, Schwierigkeiten in der Schule, einer misslungenen Partnerschaft oder ähnlichem werden manche Menschen nicht fertig. Haben sie niemanden, der sie unterstützt und ihnen mit Rat und Tat unter die Arme greift, flüchten sie sich gerne in Scheinwelten, vergraben sich und suchen Trost in den virtuellen Medien, tauchen im Internet ab, greifen zu Drogen, z. B. zur Flasche. *Mit Alkohol meinen sie ihre Sorgen ersäufen zu können und der Moment gibt ihnen Recht. Folgt jedoch am nächsten Tag der Kater, dann kreuzen mit ihm die alten Probleme wieder auf und so greift Mensch erneut zum Fusel. Mit der Zeit sind aber höhere Dosen notwendig und so gelangt der Körper allmählich in eine Abhängigkeit, er wird krank, die Sucht hat gesiegt.* *Mit der Sucht wachsen aber die Probleme. Man verliert seinen Arbeitsplatz, landet auf der Straße und dann ist der Weg zum totalen sozialen Abstieg nicht mehr weit.*	4	
→		

Name:	Klasse:	Datum:

	möglichePunkte	erreichtePunkte
11 ☞ Welche Konsequenzen können der Drogengenuss und die Flucht in Scheinwelten für die Gesellschaft haben?	3	

12 Beantworte folgende Fragen durch Ankreuzen und begründe anschließend deine Entscheidungen!

a)	gut	übertrieben	lehne ich ab
eine Schulabschlussfeier ohne alkoholische Getränke			
höhere Steuern auf alkoholische Getränke			
antialkoholische Getränke in Diskotheken und Gastwirtschaften müssen billiger sein			

→

Name:	Klasse:	Datum:

		mögliche Punkte	erreichte Punkte
11	☞ Welche Konsequenzen können der Drogengenuss und die Flucht in Scheinwelten für die Gesellschaft haben?		
	Menschen, die von Drogen abhängig werden und sich in so genannte Scheinwelten flüchten, verlieren häufig ihren Halt in der Familie, verlieren ihren Arbeitsplatz, werden krank. Wer keine Arbeit hat, kann für die Allgemeinheit keine Dienste leisten, ist unproduktiv. Da er auch nichts verdient, zahlt er keine Steuern und leistet auch keine Sozialabgaben. Im Gegenteil: Er fällt der Allgemeinheit zur Last, weil er Arbeitslosengeld oder Arbeitslosenhilfe bezieht, vielleicht wird er auch ein Fall für die Sozialhilfe. Und all die, die gesund sind und arbeiten, zahlen mit ihren Beiträgen für die Suchtkranken.	3	
12	Beantworte folgende Fragen durch Ankreuzen und begründe anschließend deine Entscheidungen!		

a)	**gut**	**übertrieben**	**lehne ich ab**
eine Schulabschlussfeier ohne alkoholische Getränke		?	
höhere Steuern auf alkoholische Getränke	?		
antialkoholische Getränke in Diskotheken und Gastwirtschaften müssen billiger sein	?		

→

Name:	Klasse:	Datum:		
			mögliche Punkte	erreichte Punkte

b) Begründungen:

? eine Schulabschlussfeier ohne alkoholische Getränke:

2

? höhere Steuern auf alkoholische Getränke:

2

? antialkoholische Getränke in Diskotheken und Gastwirtschaften müssen billiger sein:

2

12 Um es erst gar nicht zur Abhängigkeit kommen zu lassen, ist Prävention (= Vorbeugung) bei den Jugendlichen unabdingbar.
Gib in einem Elternbrief Tipps, wie Eltern und Erzieher der Sucht ihrer Kinder vorbeugen können! Schreibe auf der Rückseite weiter! (ca. 1 Seite)

8

40

Name:	Klasse:	Datum:		
			mögliche Punkte	erreichte Punkte

b) Begründungen:

? eine Schulabschlussfeier ohne alkoholische Getränke:

Diese Maßnahme halte ich persönlich für etwas übertrieben. Warum sollten die älteren Geschwister, Eltern oder Lehrer und sonstigen erwachsenen Gäste zur Feier des Tages kein Gläschen Sekt trinken dürfen. Außerdem kann ja der Sekt mit Saft vermischt werden.

2

? höhere Steuern auf alkoholische Getränke:

Diese Regelung halte ich für sehr gut und auch für wichtig. Denn man weiß ja, dass durch übermäßigen Alkoholkonsum nicht nur der Einzelne, sondern auch die Gesellschaft Schaden leidet. Die Einnahmen aus dem erhöhten Steueraufkommen könnten dann zur Prävention oder auch zur Behandlung der Suchtkranken eingesetzt werden. Und wer eben mehr säuft, der soll auch mehr zahlen. 2

? antialkoholische Getränke in Diskotheken und Gastwirtschaften müssen billiger sein:

Auch diesem Vorschlag kann ich nur zustimmen. Viele Jugendliche, die noch vom Taschengeld abhängig sind oder noch nicht so gut verdienen, sind auf billige Getränke angewiesen. Wird nun z. B. Bier in einer Diskothek preisgünstiger angeboten als Mineralwasser, kauft man sich eben Bier. Dadurch steigt die Gefahr der Abhängigkeit, aber auch die Unfallhäufigkeit. Die vielen Disco-Unfälle an den Wochenenden beweisen es. Darum ist es sehr wichtig, dass zumindest ein antialkoholisches Getränk billiger angeboten wird als Alkoholprodukte. 2

12 Um es erst gar nicht zur Abhängigkeit kommen zu lassen, ist Prävention (= Vorbeugung) bei den Jugendlichen unabdingbar.
Gib in einem Elternbrief Tipps, wie Eltern und Erzieher der Sucht ihrer Kinder vorbeugen können! Schreibe auf der Rückseite weiter! (ca. 1 Seite)

Jugendliche Raucher sind die Junkies von morgen. Was können Sie dagegen tun?

? *Sind Sie selbst ein gutes Vorbild? Kinder lernen am meisten von*

Name:	Klasse:	Datum:		

		mögliche Punkte	erreichte Punkte
	ihren Eltern.		
?	*Bauen Sie in Ihren Kindern eine positive Grundeinstellung auf! Schenken Sie Ihren Kindern Erfolgserlebnisse, motivieren Sie sie, indem Sie auch kleine Erfolge belohnen. Dadurch stärken Sie ihr Selbstbewusstsein und sie können den Verführern des Alltags leichter widerstehen.*		
?	*Auch Misserfolge sind im Leben wichtig. Daran wächst, wer gelernt hat, mit Problemen fertig zu werden. Seien Sie darum immer für Ihr Kind da, wenn es Sie braucht. Schimpfen Sie nicht, wenn es mit den Noten einmal nicht so klappt. Reden Sie gut zu, erwarten Sie vor allem nicht zu viel und setzen Sie Ihre Sprösslinge nicht zu sehr unter Druck. Sie könnten daran zerbrechen und dann Trost in einer der „Scheinwelten" suchen.*		
?	*Reden Sie mit der Lehrkraft Ihres Kindes, wenn Sie Sorgen haben, dass es in „schlechte Gesellschaft" gerät. Gemeinsam ist man stärker und findet auch eher einen Lösungsweg.*		
?	*Scheuen Sie sich nicht, das Thema „Drogen" und „Alltagssüchte" in der Familie zu diskutieren. Zeigen Sie die Gefahren an Beispielen auf, die sicher auch in Ihrer Nähe anzutreffen sind.*		
	Schließlich sollte ein wichtiger Aspekt bedacht werden: Jugendliche, die rauchen, zeigen laut einer Feststellung der Landeszentrale für Gesundheit in Bayern eine höhere Anfälligkeit, später auch andere Drogen zu konsumieren. Und das wollen Sie und wir doch sicher vermeiden helfen.		
?	*Und ganz zuletzt: Prävention kann nie früh genug beginnen!*		
	Ihr Schülerzeitungs-Redaktions-Team	8	
		40	

Name: Klasse: Datum:

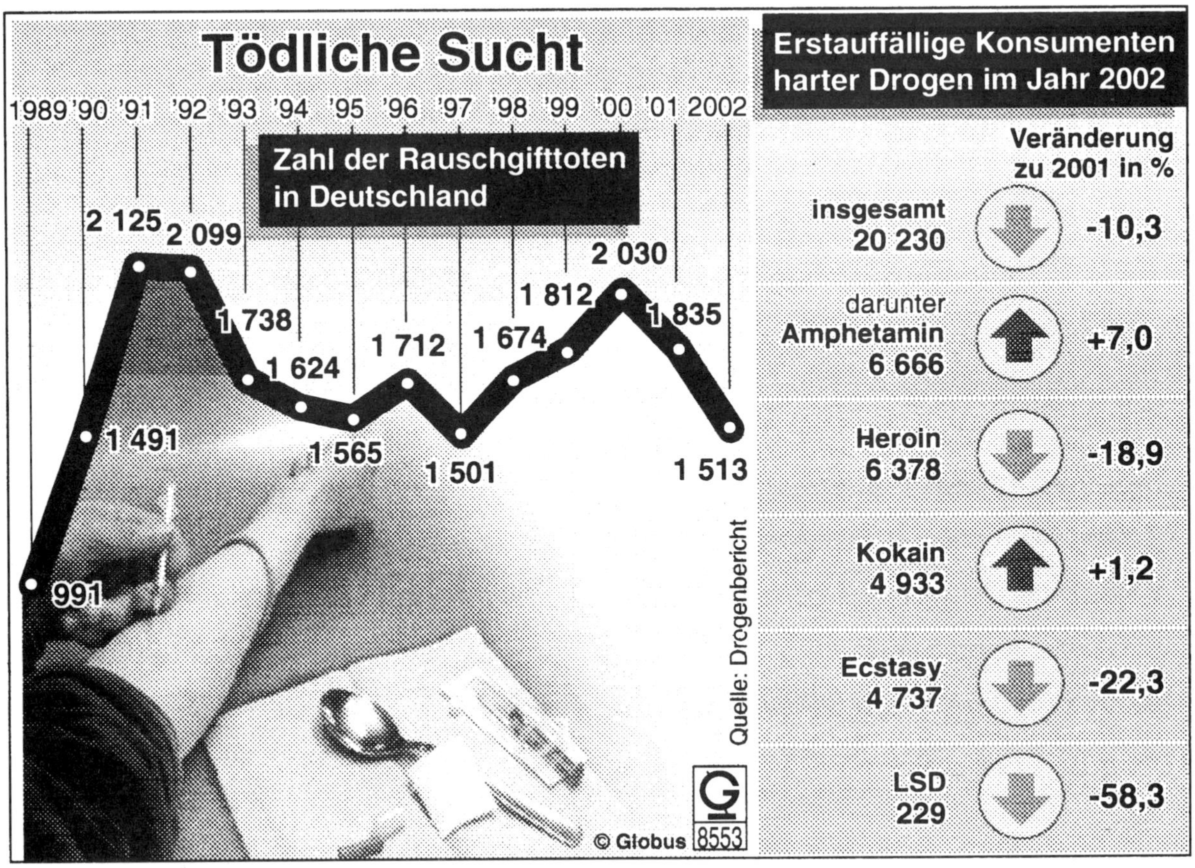

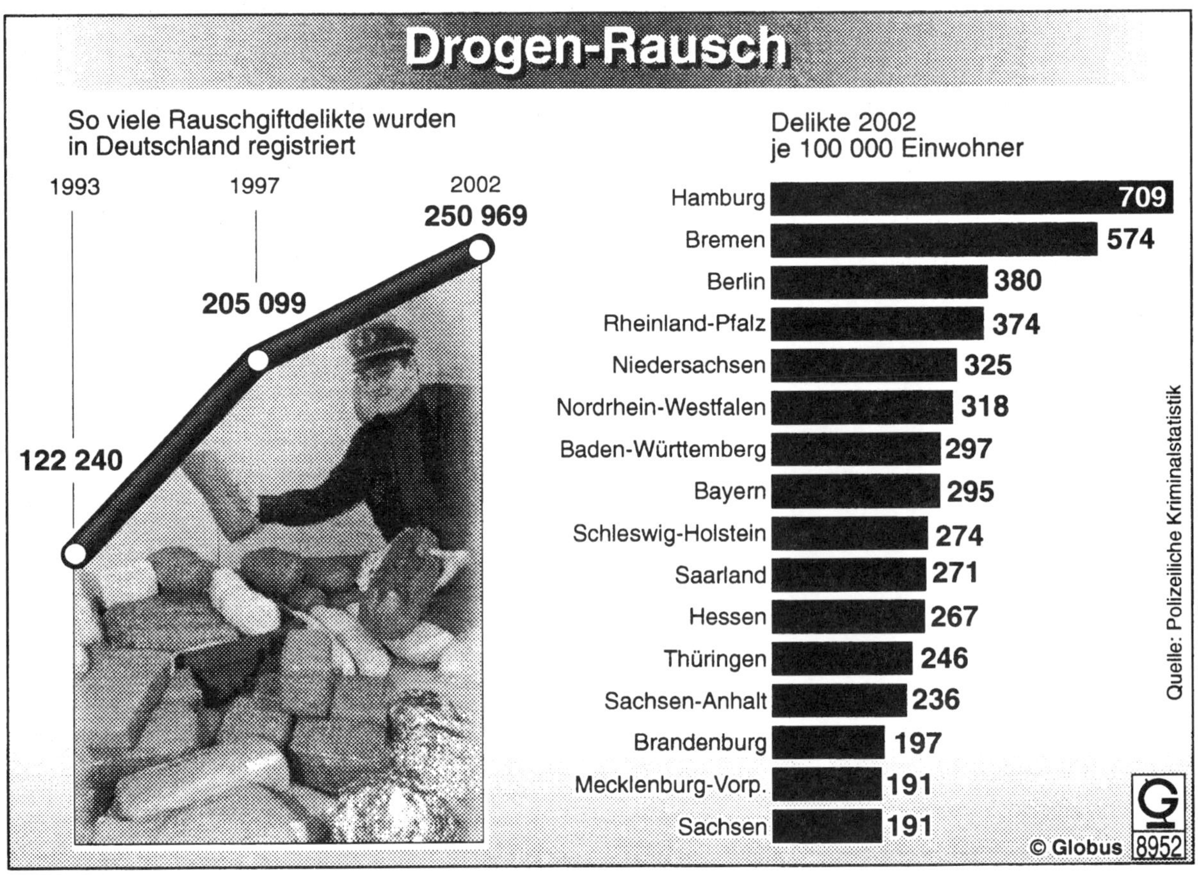

Name: Klasse: Datum:

Fremdwörter mit „i“

Suche die jeweils passende Bedeutung folgender Fremdwörter. Setze das passende Fremdwort zum deutschen Ausdruck. Bist du fertig, kannst du die Lösungsfelder farbig ausmalen.
ideal - Idee - illustrieren - Illusion - Imperator - imponieren - Import - Impuls - inkompetent - Insekt - intellektuell - Intervall - Interview - intim - irreal - Idiot

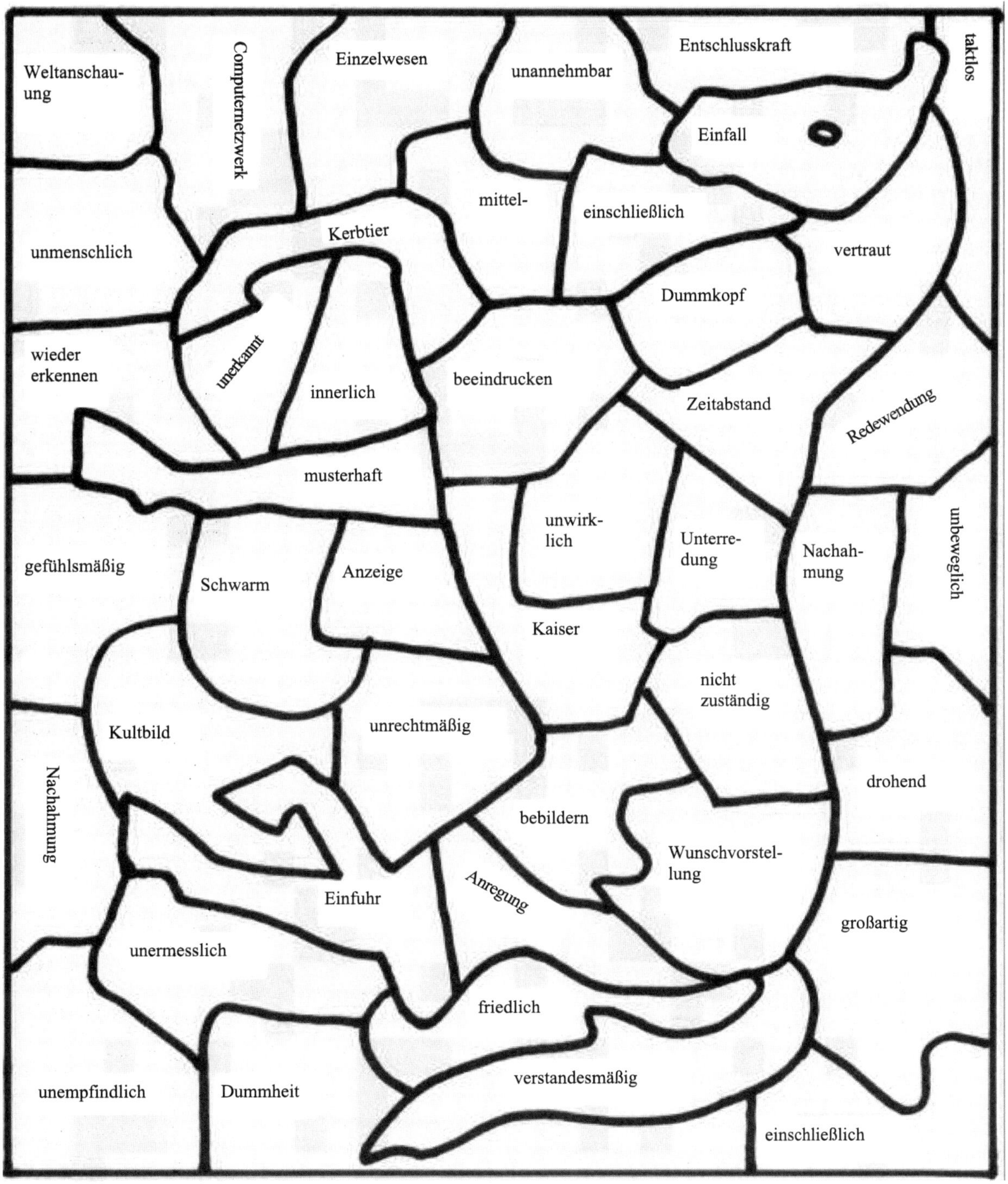

Name: Klasse: Datum:

Fremdwörter mit „i“

(Lösung)

Suche die jeweils passende Bedeutung folgender Fremdwörter. Setze das passende Fremdwort zum deutschen Ausdruck. Bist du fertig, kannst du die Lösungsfelder farbig ausmalen.

ideal - Idee - illustrieren - Illusion - Imperator - imponieren - Import - Impuls - inkompetent - Insekt - intellektuell - Intervall - Interview - intim - irreal - Idiot

Name: Klasse: Datum:

Wenn das Leben nur noch im Netz stattfindet

Das Internet ist eine tolle und nützliche Erfindung: Jeder kann ohne großen Aufwand und gezielt Informationen sammeln - auch in Sachen Berufswahl. Per E-Mail können schnell und problemlos Wissen und Erfahrungen ausgetauscht werden. In vielen Berufen ist das Internet längst ein selbstverständliches und wichtiges Werkzeug. Natürlich kann man im World Wide Web auch spielen und chatten. Im Internet vergeht die Zeit wie im Flug. Das geht vielen Menschen so. Auch wer gezielt nach Infos sucht, verirrt sich manchmal im Netz. Süchtig werden davon die wenigsten. Manche aber bleiben im Netz hängen - jedoch nicht aus Wissenshunger.

„Ich bin 16, habe kaum Freunde, komme um 13 Uhr aus der Schule, esse und schon sitze ich bis zwei oder drei Uhr nachts am PC. Ich lebe völlig abgekapselt. Dieses Jahr schaffe ich den Quali sowieso nicht, denn außer am Computer zu sitzen und in die Schule zu gehen tue ich fast gar nichts.“ (Cengiz, 16 Jahre)

Wissenschaftler haben herausgefunden, dass 3 Prozent aller Internet-Nutzer süchtig sind - in Deutschland wären das rund 650000 Menschen. Sie verbringen etwa 34 Stunden pro Woche im Internet. Betroffen sind vor allem Jugendliche. Acht Prozent der Jungen und sechs Prozent der Mädchen unter 18 Jahren kommen nicht mehr los vom Netz.

Online-Süchtige stehen morgens auf und haben nur eines im Kopf: PC anschalten und einloggen. Sie verbringen viele Stunden in Chat-Rooms, verlieren sich in Rollen- und Fantasiespielen. Im Netz braucht keiner zu sagen, wer er wirklich ist oder wie er aussieht. Man kann sich das eigene Alter, Geschlecht, ja sich selbst neu erschaffen. Wie an Fasching - nur eben 24 Stunden am Tag und 365 Tage im Jahr. „Doch irgendwann ist 'Aschermittwoch'“, meint Suchttherapeut Wolfgang Schmidt, „und das Leben muss wieder beginnen.“

Aufgaben zum Text
(Antworte stets in vollständigen Sätzen!):

	mögliche Punkte	erreichte Punkte
☞☞ Welcher Personenbereich zählt hauptsächlich zu den so genannten „Online-Süchtigen“? Zitiere aus dem Text!	1	
☞☞ Warum bezeichnet man diese Menschen als „süchtig“? Erkläre kurz!	2	
☞☞ Was suchen Online-Süchtige im Internet, warum bleiben sie im Netz „hängen“?	3	
☞☞ Woran kann man als Eltern/Freund/Freundin erkennen, dass jemand online-süchtig ist? Nenne drei deutliche Kennzeichen!	3	
☞ Sollte man also vom Internet sicherheitshalber die Finger lassen? Begründe deine Meinung!	2	
☞☞ Was meint Suchtherapeut Schmidt, wenn er sagt: „Doch irgendwann ist 'Aschermittwoch', und das Leben muss wieder beginnen.“ Erkläre mit eigenen Worten!	2	
☞☞ Gib in einem Leserbrief den Mitschülern/Mitschülerinnen deiner Schule Tipps für den <u>sinnvollen Gebrauch</u> des Internets, ohne die Gefahr eingehen zu müssen, der Online-Sucht zu verfallen! (ca. 1 Seite)	8	
	21	

Name: Klasse: Datum:

Wenn das Leben nur noch im Netz stattfindet

(Lösungsvorschlag)

	mögliche Punkte	erreichte Punkte
☞☞ Zitat: *„Betroffen sind vor allem Jugendliche. Acht Prozent der Jungen und sechs Prozent der Mädchen unter 18 Jahren kommen nicht mehr los vom Netz.“*	1	
☞☞ *Süchtig heißt abhängig, und wer abhängig ist, kann nicht mehr von ne von der Droge lassen, in diesem Fall von der „Droge Internet“. Solche Menschen sind also krank und müssen behandelt werden, brauchen Hilfe von anderen, um wieder von ihrer Sucht loszukommen.*	2	
☞☞ *Es kann Selbstbestätigung sein und Anerkennung. Manchmal will man sich von einem schulischen, beruflichen oder privaten Fehlschlag ablenken oder einfach nur Zeit totschlagen. Möglicherweise hat man im Internet das Gefühl: Hier bin ich endlich wichtig, hier hört mir jemand zu, hier warten Freunde auf mich. Online-Süchtige glauben im Internet zu finden, was sie im richtigen Leben nicht bekommen können. Das Netz wird zum Ersatz.*	3	
☞☞ *Deutliche Kennzeichen für Online-Sucht sind, wenn Kontakte zu Freunden einschlafen, Hobbys vernachlässigt, Leistungen in der Schule schlechter werden und immer mehr Zeit vor dem Rechner verbracht wird.*	3	
☞☞ *Nein. Das Internet ist sehr nützlich und nicht mehr aus der Schule, dem Beruf und der Freizeit wegzudenken.*	2	
☞☞ *Am Aschermittwoch beginnt wieder der Ernst des Lebens. Die närrischen Tage sind vorbei, der Spaß - hier: der Spaß im Internet - hat ein Ende. Nun gilt es wieder sich den täglichen Aufgaben zu stellen und seinen Mann bzw. seine Frau zu stehen.*	2	

☞☞ ***Bist du ein Online-Junkie?***

Bleibst auch du täglich im Netz hängen?
Damit es nicht so weit kommt mit dir, hier ein paar Tipps zum rechten Gebrauch des Internets:

In erster Linie geht es darum, mit dem Internet kontrolliert umzugehen. Wenn du damit Probleme hast, kannst versuchen, den PC außer Reich-

Name:	Klasse:	Datum:

weite zu stellen oder dir vornehmen, nur E-Mails abzurufen.
Setze dir einen festen Zeitrahmen! Chatte nur eine halbe Stunde lang pro Tag (Zeitschaltuhr!)!
Erledige immer zuerst die Hausaufgaben, bevor du im Net „verschwindest“!
Verabrede dich wieder mit Freunden, geh mit ihnen ins Kino und lasse den Bildschirm mal dunkel!
Wenn all das nichts hilft, dann musst du dir schleunigst Hilfe suchen. Ansprechpartner sind Erziehungs-, Lebens- und Suchtberatungsstellen. Sie haben den Vorteil, dass sie meist kostenlos sowie anonym beraten und fast an jedem Ort zu finden sind. ...

mögliche Punkte	erreichte Punkte
8	
21	

Name:	Klasse:	Datum:

„Ich war ein guter Schüler. Nur die Zeugnisse waren halt nicht gut", hat Paul Hörbiger einmal gesagt. Und der britische Komponist Benjamin Britten war der Meinung: „Lernen ist wie Rudern gegen den Strom. Sobald man aufhört, treibt man zurück." Und er hat Recht. Nun schwimmt natürlich keiner, der lernt, gegen den Strom, aber ein paar Klippen sind beim Lernen schon zu überwinden - das bestreitet wohl niemand. Lernen ist deshalb eine Herausforderung, bei der jeder manchmal all seine Kräfte anspannen muss. Doch dann kommt auch wieder ruhigeres Fahrwasser und man lernt sozusagen wie im Schlaf.
Auch mit dem zweiten Teil seiner Aussage, mit dem eigentlichen Kern seines Statements, hat Britten Recht. Denn wer nicht mehr lernt, fällt hoffnungslos zurück. Nicht nur in der Schule, sondern ganz generell im Leben. Nur wer lernt, wer offen für Neues bleibt und sich auf dem Laufenden hält, der ist auf der Höhe der Zeit und kann seine Chancen nutzen.

Das neue Schuljahr bietet für alle jede Menge Stoff zum Lernen. Es bietet für jeden Schüler eine Chance zum Weiterkommen. Nach den langen Sommerferien können alle mit neuem Elan daran gehen, sich das Pensum zu erarbeiten und neue Herausforderungen zu meistern. Mit dem Gang in eine neue Klasse werden sozusagen die Karten neu gemischt. Das vergangene Schuljahr ist Vergangenheit, jetzt zählt die Leistung von heute und morgen. Jetzt hat noch jeder alle Trümpfe in der Hand, um am Ende hoch zu punkten.
In der Schule gut abzuschneiden, das ist kein spießiges Strebertum. Das sehen auch die meisten Jugendlichen so. Sie wissen, dass sie in einer Gesellschaft leben, in der Leistung gefragt ist. Und sie wollen etwas aus ihrem Leben machen, wie die jüngste Shell-Jugendstudie zeigt. Viele der Heranwachsenden gaben an, dass sie etwas erreichen, dass sie Karriere machen wollen. Deshalb sind Fleiß und Ehrgeiz wieder gefragt, deshalb wird die berufliche Zukunft schon früh geplant.
Wenn es um die künftigen Aussichten geht, spielt das erreichte Bildungsniveau eine zentrale Rolle. Solide Grundkenntnisse und die Fähigkeit, selbstständig zu lernen, schaffen eine tragfähige Basis, um sich später, wenn gewünscht oder gefordert, weiter zu qualifizieren.

Auch nach der Schule weiter zu lernen, ist heute unabdingbar. Noch nie ist Wissen so schnell veraltet und kommt ständig neues Wissen hinzu. Schule kann deshalb gar nicht all die Kenntnisse vermitteln, die später gebraucht werden oder für ein ganzes Leben ausreichen. Das konnte sie im Übrigen wahrscheinlich nie. Schließlich hat sich die Gesellschaft seit je mehr oder weniger schnell weiterentwickelt. Schon viele Generationen wurden im Laufe ihres Lebens mit Dingen konfrontiert, von denen in ihrer Schulzeit noch nicht mal die Rede sein konnte. Die Erfindung des Buchdrucks und der Computer, die Dampfmaschine und das Auto - sie alle haben die Welt verändert und von den Menschen neue Fähigkeiten verlangt. Heute vollzieht sich dieser Veränderungsprozess nur viel schneller und gravierender als früher. Und was das 21. Jahrhundert bringen wird, davon hat der Mensch heute höchstens eine Ahnung.
Schule steht deshalb vor der Aufgabe, Kompetenzen für die Zukunft auszubilden. Sie kann die Fähigkeiten entwickeln, im Strom des Lebens gut mitzurudern und mit allem Neuen zurechtzukommen. Mit technischen Neuerungen, mit einer sich wandelnden Gesellschaft, mit einer sich verändernden Berufswelt.
Wer verstanden hat, wie die Gesellschaft funktioniert oder wie er sich in die Gesellschaft einbringen kann, der wird auch den Durchblick behalten, wenn sich die Gesellschaft verändert. Wer einmal gelernt hat, Meinungen gegeneinander abzuwägen und Urteile von Vorurteilen zu trennen, wird auch neu aufkommenden Debatten gewachsen sein. Wer über Grundkenntnisse verfügt und die Techniken des Lernens beherrscht, kann sich neues Wissen aneignen.

Sich Daten einprägen, Formeln verstehen, Zusammenhange durchschauen - nicht wenige Menschen halten das für ziemlich schwierig. Sie glauben, dass es viel Mühe kostet, die Gehirnzellen in

Name: Klasse: Datum:

Gang zu setzen. Aber dem ist nicht so - sagen zumindest die Hirnforscher. Der Mensch lernt eigentlich immer, denn sein Gehirn ist permanent tätig.
Ob es nun um die Hitparade geht oder die Punischen Kriege - der Vorgang ist derselbe: Das Gehirn ist damit beschäftigt, etwas aufzunehmen und zu verknüpfen. Das tut es immer, und das tut es sogar gern. Jedes Aha-Erlebnis macht Spaß und gibt einen Kick. Menschen sind offenbar mit dem Drang ausgestattet zu kapieren, was um sie herum vorgeht. Menschen sind im Gegensatz zu anderen Lebewesen geradezu dadurch ausgezeichnet, dass sie eine fast unendliche Lernfähigkeit besitzen.

Gelernt wird am besten - auch das haben die Hirnforscher herausgefunden -, wenn man sich den Stoff aktiv erarbeitet. Lernen funktioniert nicht wie ein Trichter. Eintrichtern nützt nicht viel, man muss sich schon selber daran beteiligen, die Zusammenhänge zu erkennen. Es ist keine Schande, etwas nicht zu wissen, aber das entbindet nicht von der Aufgabe, diese Lücke zu füllen. Schüler sind für ihre Lernleistungen auch selber verantwortlich. Die Schule macht ihnen ein Angebot; sie fordert und fördert. Aber die Entscheidung, darauf einzugehen, die trifft jeder selbst.
Jedes Schuljahr stellt neue Fragen: Jede Klasse begibt sich auf die Suche nach Antworten. Dieser Prozess ist vor allem dann effektiv, wenn alle mitmachen.

Werner Backhausen
(nach: „Landshuter Zeitung“ vom 29. August 2OO3)

Aufgaben zum Text
(Antworte stets in vollständigen Sätzen!):

	mögliche Punkte	erreichte Punkte
☞☞ Finde eine passende Überschrift zum Text! ______________________________	1	
☞☞ „Lernen ist wie Rudern gegen den Strom. Sobald man aufhört, treibt man zurück.“ Erkläre diese Behauptung des englischen Komponisten Benjamin Britten mit eigenen Worten! (1/4 Seite) ______________________________ ______________________________ ______________________________ ______________________________ ______________________________ ______________________________ ______________________________ →		

Name:	Klasse:	Datum:

	mögliche Punkte	erreichte Punkte
	3	
☞☞ Im Text kommen folgende Begriffe als Fremdwörter vor: Erklärung, Schwung, Grundlage, Verlauf. Ordne jedem deutschen Wort das passende Fremdwort zu!		
Erklärung:	0,5	
Schwung:	0,5	
Grundlage:	0,5	
Verlauf:	0,5	
☞☞ „Mit dem Gang in eine neue Klasse werden sozusagen die Karten neu gemischt.“ Was bedeutet dies für dich persönlich, welche Chancen ergeben sich dadurch für dich? (1/4 Seite)		
→	3	

Name: Klasse: Datum:

	mögliche Punkte	erreichte Punkte
☞☞ Wenn es um deine Zukunftsaussichten geht,solltest du dir in der Schule gewisse Fähigkeiten und Fertigkeiten angeeignet haben, so genannte **Schlüsselqualifikationen.** Einige davon werden auch im Text genannt. Nenne zwei!		
? ______	0,5	
? ______	0,5	
☞☞ „Auch nach der Schule weiter zu lernen ist heute unabdingbar.“ Begründe kurz anhand von zwei Beispielen, warum diese Aussage stimmt!		
? ______	2	
? ______	2	
☞☞ Du kennst ganz gewiss das bekannte Sprichwort: „Was Hänschen nicht lernt, lernt Hans nimmermehr.“ Erkläre seine Bedeutung!		
______	2	
☞☞ Jedes Schuljahr stellt neue Fragen und jede Klasse sucht darauf Antworten. Wann gelingt dies besonders gut? Zitiere aus dem Text!		
Zitat: ______		
→	1	

Name:	Klasse:	Datum:

☞☞ „Gelernt wird am besten, wenn man sich den Stoff **aktiv** erarbeitet.“

	mögliche Punkte	erreichte Punkte
a) Beschreibe kurz mit eigenen Worten, was unter aktiver Erarbeitung zu verstehen ist!	2	
b) Gib in einem Leserbrief für die Schülerzeitung deinen Mitschülern/Mitschülerinnen weitere nützliche Tipps für erfolgreiches Lernen! Schreibe auf der Rückseite weiter! (ca. 1 Seite)		
	27	

Name:	Klasse:	Datum:		
			mögliche Punkte	erreichte Punkte

„Ich war ein guter Schüler. ...“
(Lösungsvorschlag)

☞☞ Finde eine passende Überschrift zum Text!

Lernen ist unabdingbar - doch wie lernt man richtig? 1

☞☞ „Lernen ist wie Rudern gegen den Strom. Sobald man aufhört, treibt man zurück.“

Erkläre diese Behauptung des englischen Komponisten Benjamin Britten mit eigenen Worten! (1/4 Seite)

Wer nichts dazulernt, bleibt auf dem selben Wissensstand. Doch das alte Wissen reicht nicht mehr aus, um in der „neuen“ Welt bestehen zu können, die Neuerungen, z. B. die Computertechnik, überschwemmen einen förmlich.

Deshalb ist es unabdingbar für jeden von uns, immer wieder dazuzulernen, anzukämpfen, gegen den Strom zu schwimmen, auch wenn dies nicht einfach, sondern mit großen Anstrengungen verbunden ist. Denn da die Technik nicht stehen bleibt und immer schneller und auch weiter fortschreitet, würde man im Lauf der Zeit ohne Lernen immer mehr zurücktreiben und im schlimmsten Fall in den Wellen untergehen. 3

3. Im Text kommen folgende Begriffe als Fremdwörter vor:
Erklärung, Schwung, Grundlage, Verlauf.

Ordne jedem deutschen Wort das passende Fremdwort zu!

Erklärung:	*Statement*	0,5
Schwung:	*Elan*	0,5
Grundlage:	*Basis*	0,5
Verlauf:	*Prozess*	0,5

→

Name: Klasse: Datum:

mögliche Punkte	erreichte Punkte

☞☞ „Mit dem Gang in eine neue Klasse werden sozusagen die Karten neu gemischt.“

Was bedeutet dies für dich persönlich, welche Chancen ergeben sich dadurch für dich? (1/4 Seite)

Für mich persönlich bedeutet dies, das letzte Jahr ganz einfach hinter mir lassen und mich auf das neue Schuljahr konzentrieren zu können.
Ich kann neu beginnen, die Noten vom letzten Jahr zählen nicht mehr.
Auch mein „Sündenregister“ ist getilgt.
Das neue Schuljahr bietet mir neue Chancen. Neue Schulfreunde, neue Lehrer helfen mir dabei, mich in der neuen Klasse wohl zu fühlen und gute Leistungen und damit einen ordentlichen Schulabschluss schaffen zu können. 3

☞☞ Wenn es um deine Zukunftsaussichten geht,solltest du dir in der Schule gewisse Fähigkeiten und Fertigkeiten angeeignet haben, so genannte **Schlüsselqualifikationen.** Einige davon werden auch im Text genannt. Nenne zwei!

? *Urteile von Vorurteilen trennen zu können...*

? *die Techniken des Lernens beherrschen...*

☞☞ „Auch nach der Schule weiter zu lernen ist heute unabdingbar.“
Begründe kurz anhand von zwei Beispielen, warum diese Aussage stimmt!

? *Die raschen technologischen Veränderungen fordern auch nach der Schule, in der Arbeitswelt, im Beruf, eine ständige Fort- und Weiterbildung. Mitarbeiter, die sich nicht ständig fortbilden und laufend auf dem neuesten Wissensstand halten, werden zunehmend unproduktiv, verdienen deshalb auch weniger oder werden gar entlassen.* 2

? *Ein weiterer Grund, auch nach der Schule weiter lernen zu müssen, ist die fortschreitende Globalisierung. Das bedeutet, dass die Arbeit immer mehr orts- und zeitunabhängiger wird und damit die Tätigkeiten immer anspruchsvoller. Will ich da mithalten, muss ich mich ständig weiterbilden.* → 2

Name:	Klasse: Datum:		
☞☞ Du kennst ganz gewiss das bekannte Sprichwort: „Was Hänschen nicht lernt, lernt Hans nimmermehr.“ Erkläre seine Bedeutung!		mögliche Punkte	erreichte Punkte
Das Sprichwort meint, dass man das, was man als Kind oder Jugendlicher nicht gelernt hat, nie oder nur äußerst schwer mehr erlernen kann. Da stimmt zwar nicht ganz, aber man weiß, dass man sich mit zunehmendem Alter immer schwerer tut beim Lernen und dass Kinder sich durch spielerisches Lernen viel leichter viel mehr einprägen können als Erwachsene.		2	
☞☞ Jedes Schuljahr stellt neue Fragen und jede Klasse sucht darauf Antworten. Wann gelingt dies besonders gut? Zitiere aus dem Text!			
Zitat: *„...wenn alle mitmachen.“*		1	
☞☞ „Gelernt wird am besten, wenn man sich den Stoff **aktiv** erarbeitet.“			
a) Beschreibe kurz mit eigenen Worten, was unter aktiver Erarbeitung zu verstehen ist!			
Unter aktiver Erarbeitung verstehe ich, dass man sich den Lernstoff nicht nur durch Lesen, sondern mit allen Sinnen einzuprägen versucht, dass man beispielsweise die Lernwörter im Englischen auch schreibt, sich selber laut vorliest, sich Eselsbrücken baut usw.		2	
b) Gib in einem Leserbrief für die Schülerzeitung deinen Mitschülern/Mitschülerinnen weitere nützliche Tipps für erfolgreiches Lernen! Schreibe auf der Rückseite weiter! (ca. 1 Seite)			
Gewusst wie! Nützliche Tipps für erfolgreiches Lernen - speziell für dich von uns.			
Hängt dir die Schule zum Hals raus, kannst du dich nur schwer konzenttrieren, hast du ziemlich Stress? Nicht verzagen, wir schaffen Abhilfe.			
1. Schaff dir einen gelungenen Lerneinstieg! Erledige zuerst das, →			

Name:	Klasse:	Datum:

	möglichePunkte	erreichtePunkte
was du am liebsten magst. 2. *Mach nicht alles auf einmal, sonst „überfrisst" du dich und davon wird dir „schlecht". Teile dir deine Arbeit in sinnvolle Häppchen ein.* 3. *Du brauchst auf alle Fälle einen festen Arbeitsplatz, wo du während des Lernens nicht gestört wirst.* 4. *Gleichmäßig verteilte Pausen bewirken eine Leistungssteigerung.* 5. *Lerne aktiv, das heißt, benutze alle deine Sinne: Lies, sprich und schreib! Ein Spickzettel wirkt oft Wunder, weil sich Geschriebenes häufig leichter einprägt als nur Gelesenes. Freilich solltest du deine Aufzeichnungen bei Proben tunlichst beiseite lassen.* 6. *Wenn du dir bestimmte Daten nur schlecht merken kannst, dann empfehlen wir dir, Eselbrücken zu bauen. Lustiges oder Komisches behält man einfach besser.* 7. *Wenn Vokabeln nicht im Gedächtnis bleiben wollen, kannst du sie auf ein Lernplakat kleben. Dazu eignet sich ein einfacher Bogen Packpapier, den du dann beispielsweise über deinem Bett aufhängst.* 8. *Übrigens, auch wenn dir das nicht schmecken sollte: Zum Wiederholen und Vorbereiten von Probearbeiten ist ein sauber und übersichtlich geführtes Heft unerlässlich. Zudem solltest du fehlerhafte Eingrundsätzlich verbessern.* *So, das war's und wenn es auch mal nicht so klappt, wie du dir das vorstellst: Nur nicht aufgeben, denn es ist noch kein Meister vom Himmel gefallen. Viel Erfolg wünscht dir deine* *Schülerzeitungsredaktion*	8	
	27	

Name:	Klasse:	Datum:

Auf der Jagd nach Synonymen

Finde zum jeweiligen Wortpaar das passende Synonym, also das Wort, das dieselbe Bedeutung hat, wie die beiden anderen Begriffe. Trage es in die Kästchen ein. Alle Wörter beginnen mit „E“. Die Buchstaben in den grau gefärbten Kästchen ergeben von oben nach unten gelesen den Lösungsbegriff.

Geistesblitz	Idee
essen	erobern
allein	abseits
Modell	Plan
Entdeckung	Einbildung
einpacken	betrügen
beenden	beschäftigen
bekommen	konservieren
erkennen	verstehen
darlegen	verursachen
anordnen	befreien
fertig	erschöpft
nachdenklich	bedrohlich
Himmelsbote	Retter

Das Lösungswort heißt:

Name:	Klasse:	Datum:

Auf der Jagd nach Synonymen

(Lösung)

Finde zum jeweiligen Wortpaar das passende Synonym, also das Wort, das dieselbe Bedeutung hat, wie die beiden anderen Begriffe. Trage es in die Kästchen ein. Alle Wörter beginnen mit „E“. Die Buchstaben in den grau gefärbten Kästchen ergeben von oben nach unten gelesen den Lösungsbegriff.

Geistesblitz	**E**	I	N	F	A	L	L				Idee
essen	E	**I**	N	N	E	H	M	E	N		erobern
allein	E	I	**N**	S	A	M					abseits
Modell	E	N	**T**	W	U	R	F				Plan
Entdeckung	E	**R**	F	I	N	D	U	N	G		Einbildung
einpacken	E	I	N	W	**I**	C	K	E	L	N	betrügen
beenden	E	I	N	S	**T**	E	L	L	E	N	beschäftigen
bekommen	E	R	H	A	L	**T**	E	N			konservieren
erkennen	E	I	N	**S**	E	H	E	N			verstehen
darlegen	E	R	**K**	L	Ä	R	E	N			verursachen
anordnen	E	R	L	**A**	S	S	E	N			befreien
fertig	E	**R**	L	E	D	I	G	T			erschöpft
nachdenklich	E	R	N	S	**T**						bedrohlich
Himmelsbote	**E**	N	G	E	L						Retter

Das Lösungswort heißt:	**E**	**I**	**N**	**T**	**R**	**I**	**T**	**T**	**S**	**K**	**A**	**R**	**T**	**E**

Name:	Klasse:	Datum:

Die Hauptschule führt nach der 9. Klasse zum erfolgreichen und mit einer freiwilligen Zusatzprüfung zum qualifizierenden Hauptschulabschluss (Quali). Beide Abschlüsse sind eine solide Basis für eine Berufsausbildung. Wer diese mit guten Leistungen absolviert, erhält unter bestimmten Voraussetzungen gleichzeitig den mittleren Schulabschluss. Ihn erreichen Hauptschüler aber auch im M-Zug (Jahrgangsstufen 7-10). Der mittlere Schulabschluss bietet unter anderem die Möglichkeit, weiterführende berufliche Schulen zu besuchen. Die Fachakademie führt z. B. zu einer gehobenen Berufstätigkeit, die Fachoberschule oder Berufsoberschule zum Studium. Damit stehen interessierten Hauptschulabsolventen bei entsprechenden Leistungen alle Wege offen.

(nach: „EZ“, 1/2003)

☞

Aufgaben zum Text
(Antworte stets in vollständigen Sätzen!):

☞

	mögliche Punkte	erreichte Punkte
☞☞ Finde eine passende Überschrift zum Text!	1	
☞☞ Der Autor verwendet im Text folgende Fremdwörter: solide, absolvieren, Basis. Formuliere die entsprechenden Sätze um, ohne diese Fremdwörter zu benutzen. Der Sinn der Sätze darf sich dabei nicht verändern.	2	
☞☞ Welche Abschlüsse können nach der 9. Klasse Hauptschule erreicht werden?		
a) Nenne zwei!	2	
b) Welche Möglichkeiten bieten die genannten Abschlüsse? Nenne zwei!	2	
☞☞ Hauptschüler können unter bestimmten Bedingungen auch einen mittleren Schulabschluss erreichen.		
a) Nenne einen Weg, der dazu führt!	1	
b) Welche Möglichkeiten bietet dir ein mittlerer Schulabschluss? Nenne zwei!	2	
	10	

Name: Klasse: Datum:

	mögliche Punkte	erreichte Punkte
☞		
☞		
„Die Hauptschule führt nach der 9. Klasse ...“		
☞☞☞☞☞☞☞☞☞ (Lösungsvorschlag)		
☞		
☞☞ *Bildungswege nach dem Hauptschulabschluss*	1	
☞☞ *Beide Abschlüsse sind eine gediegene (feste) Grundlage für eine Berufsausbildung. Wer diese mit guten Leistungen abschließt, erhält unter bestimmten Voraussetzungen gleichzeitig den mittleren Schulabschluss.*	2	
☞☞ *a) Nach der 9. Klasse Hauptschule kann ich einen Hauptschulabschluss und nach Ablegen einer besonderen Leistungsfeststellung den so genannten qualifizierenden Hauptschulabschluss (Quali) erreichen.*	2	
b) Mit diesen Abschlüssen kann ich z.B. eine Berufsausbildung in einem Betrieb und/oder an einer Berufsschule beginnen oder an einer Berufsfachschule. Außerdem besteht für mich die Möglichkeit, bei entsprechenden Noten im Quali an eine M-10-Klasse überzutreten, wo ich die mittlere Reife erreichen kann.	2	
☞☞ *a) Ein Weg zur mittleren Reife ist der so genannte Quabi, zu dem ich den Quali brauche, befriedigende Kenntnisse in Englisch nachweisen und im Berufsabschluss mindestens einen Abschluss von 2,5 erreicht haben muss.*	1	
b) Ein mittlerer Schulabschluss bietet mir die Möglichkeit einer gehobeneren Berufsausbildung. Außerdem steht mir sogar der Weg zum Studium offen und zwar über die Fachakademie, die Fachober- und/oder die Berufsoberschule.	2	
	10	

Name: Klasse: Datum:

Der Bedarf an Arbeitskräften in Deutschland wird bis 2015 zunehmen, die Zahl der Jobsuchenden dagegen sinken. Schätzungsweise werden bis 2015 rund 37 Millionen freie Stellen zur Verfügung stehen und ebenso viele Menschen einen Arbeitsplatz suchen. Doch es wird keine Übereinstimmung zwischen angebotener und nachgefragter Qualifikation geben. So zumindest urteilt die von den Landesregierungen eingesetzte Bund-Länder-Kommission (BLK) in ihrem 2001 vorgelegten Bericht. ...

„Es muss faktisch bereits vor 2015 mit einem Mangel an Arbeitskräften für bestimmte Qualifikationen und Branchen gerechnet werden. Gleichzeitig wird es weiterhin Arbeitslosigkeit geben (...)", heißt es darin. „Hochqualifizierte mit innovativen Ideen, die zur Lösung komplexer Probleme beitragen können, werden gefragter denn je sein", teilt die Studie mit.
Die besten Aussichten bestehen für Hochschulabsolventen. Vor allem der Dienstleistungssektor wird viele Arbeitsplätze bereitstellen. Darunter fallen Verwaltungs-, Unternehmens- und Gesundheitsdienste. Insbesondere Ärzte, Apotheker und Erzieher werden benötigt. Sinkenden Bedarf prognostiziert die Studie für Landwirtschafts- und Fertigungsberufe.

Auf regelmäßige Weiterbildungsmaßnahmen kann jedenfalls in Zukunft niemand mehr verzichten. Es wird immer häufiger heißen: „Ihre Qualifikationen, bitte!"

(nach „SZ" vom 6./7. November 2003)

☞

Aufgaben zum Text
(Antworte stets in vollständigen Sätzen!):

☞

	mögliche Punkte	erreichte Punkte
☞☞ Finde eine passende Überschrift zum Text!	1	

☞☞ Der Autor verwendet im Text u.a. folgende Fremdwörter:
faktisch, Qualifikation, Branche, innovativ, Studie, prognostizieren.

Ordne jeweils einen entsprechenden deutschen Begriff dem jeweiligen Fremdwort richtig zu (Achtung! Nicht alle passen.):

Geschäftszweig - ausdrucksvoll - tatsächlich - aufnehmen - gleichsetzen - Bemühen - fortschreiten - Darstellung - verhindern - vorhersagen - vertraulich - Befähigung - umfassend

		mögliche Punkte	erreichte Punkte
faktisch:		0,5	
Qualifikation:		0,5	
Branche:		0,5	
komplex:		0,5	
Studie:		0,5	
prognostizieren:	→	0,5	

Name:	Klasse:	Datum:

	mögliche Punkte	erreichte Punkte

☞☞ Welche Information kann man dem Text entnehmen, steht nicht im Text, sagt genau das Gegenteil einer Textaussage aus?
Kreuze jeweils eine Lösung pro Zeile an!

☞

	Diese Information **kann man** dem Text **entnehmen**.	Diese Information **steht nicht** im Text.	**Das Gegenteil** dieser Aussage steht im Text.	mögliche Punkte
Die Zahl der Jobsuchenden wird bis 2015 zunehmen.				0,5
Trotz des Arbeitskräftemangels wird es weiterhin Arbeitslosigkeit geben.				0,5
Auch Hauptschüler mit Quali werden im Dienstleistungsbereich Arbeit finden.				0,5
Die besten Aussichten auf einen Arbeitsplatz haben Hochschulabsolventen.				0,5

☞☞ Warum werden viele Menschen trotz Millionen freier Stellen arbeitslos werden bzw. bleiben? Nenne den im Text angegeben Grund mit eigenen Worten!

____

____

____

____ 2

☞☞ Welche der folgende Berufe werden in naher Zukunft dringend benötigt?
Streiche die fälschlich genannten durch!
Landwirt - Apotheker - Elektromaschinenbauer - Lehrer 1

→

Name:	Klasse:	Datum:

	mögliche Punkte	erreichte Punkte
☞☞ Erkläre kurz folgende Sprichwörter bzw. Redewendungen, die mit „Arbeit" zu tun haben!		
Wer rastet, der rostet. ______ ______	2	
Er arbeitet wie ein Pferd. ______ ______	2	
☞☞ Worauf kann in Zukunft niemand mehr verzichten? Zitiere!		
Zitat: ______ ______ ______	1	
☞☞ Warum arbeitet der Mensch überhaupt? Nenne in Stichpunkten vier mögliche Gründe!		
? ______	0,5	
? ______	0,5	
? ______	0,5	
? ______	0,5	
☞☞ Man unterscheidet zwischen bezahlter und unbezahlter, freiwilliger Arbeit. Nenne zwei Beispiele hierfür und erläutere sie kurz!		
? ______ ______ ______ ______ →	2	

Name:	Klasse:	Datum:		

☞

?

	mögliche Punkte	erreichte Punkte
	2	

☞

☞☞ Die Bereitschaft für gesellschaftliches Engagement ist nicht sehr groß.

a) Welche Gründe könnten dich überzeugen, ein Ehrenamt zu übernehmen? Nenne drei!

	mögliche Punkte	erreichte Punkte
	2	

b) Gib in einem Leserbrief (Schülerzeitung) Tipps, wo und wie sich auch Jugendliche ehrenamtlich betätigen können! Schreibe auf der Rückseite weiter! (ca. 1/2 Seite)

	mögliche Punkte	erreichte Punkte
	5	
	28	

Name:	Klasse:	Datum:

	mögliche Punkte	erreichte Punkte

Der Bedarf an Arbeitskräften in Deutschland

(Lösungsvorschlag)

Aufgaben zum Text
(Antworte stets in vollständigen Sätzen!):

☞

☞☞ Finde eine passende Überschrift zum Text!

Mehr Jobs - Weiterbildung ist gefragt 1

☞☞ Der Autor verwendet im Text u.a. folgende Fremdwörter:
faktisch, Qualifikation, Branche, innovativ, Studie, prognostizieren.

Ordne jeweils einen entsprechenden deutschen Begriff dem jeweiligen Fremdwort richtig zu (Achtung! Nicht alle passen.):

Geschäftszweig - ausdrucksvoll - tatsächlich - aufnehmen - gleichsetzen - Bemühen - fortschreiten - Darstellung - verhindern - vorhersagen - vertraulich -

		Punkte
faktisch:	*tatsächlich*	0,5
Qualifikation:	*Befähigung*	0,5
Branche:	*Geschäftszweig*	0,5
komplex:	*umfassend*	0,5
Studie:	*Darstellung*	0,5
prognostizieren:	*vorhersagen*	0,5

☞☞ Welche Information kann man dem Text entnehmen, steht nicht im Text, sagt genau das Gegenteil einer Textaussage aus?
Kreuze jeweils eine Lösung pro Zeile an!

	Diese Information **kann man** dem Text **entnehmen**.	Diese Information **steht nicht** im Text.	**Das Gegenteil** dieser Aussage steht im Text.	Punkte
Die Zahl der Jobsuchenden wird bis 2015 zunehmen.			?	0,5

→

Name: Klasse: Datum:

	Diese Information **kann man** dem Text **entnehmen**.	Diese Information **steht nicht** im Text.	**Das Gegenteil** dieser Aussage steht im Text.	mögliche Punkte	erreichte Punkte
Trotz des Arbeitskräftemangels wird es weiterhin Arbeitslosigkeit geben.	?			0,5	
Auch Hauptschüler mit Quali werden im Dienstleistungsbereich Arbeit finden.		?		0,5	
Die besten Aussichten auf einen Arbeitsplatz haben Hochschulabsolventen.	?			0,5	

☞☞ Warum werden viele Menschen trotz Millionen freier Stellen arbeitslos werden bzw. bleiben? Nenne den im Text angegeben Grund mit eigenen Worten!

Viele Menschen werden trotz vieler freier Stellen arbeitslos bleiben, weil ihre Fähigkeiten und Kenntnisse nicht mit den von den Betrieben gewünschten Qualifikationen übereinstimmen. 2

☞☞ Welche der folgende Berufe werden in naher Zukunft dringend benötigt? Streiche die fälschlich genannten durch!
~~Landwirt~~ - Apotheker - ~~Elektromaschinenbauer~~ - Lehrer 1

☞☞ Erkläre kurz folgende Sprichwörter bzw. Redewendungen, die mit „Arbeit" zu tun haben!

		mögliche Punkte
Wer rastet, der rostet.	*Das Sprichwort meint, dass derjenige, der nichts tut, der nur faul herumsitzt, seine Fähigkeiten und Kenntnisse nicht trainiert und darum auch im Lauf der Zeit verliert.*	2

→

Name: Klasse: Datum:

		mögliche Punkte	erreichte Punkte
Er arbeitet wie ein Pferd.	*Er strengt sich an wie ein Acker- oder Ziehgaul. Er gibt das Beste, was in seiner Kraft steht.*	2	

☞☞ Worauf kann in Zukunft niemand mehr verzichten? Zitiere!

Zitat: *„Auf regelmäßige Weiterbildungsmaßnahmen kann jedenfalls in Zukunft niemand mehr verzichten. Es wird immer häufiger heißen: „Ihre Qualifikationen, bitte!"“* 1

☞☞ Warum arbeitet der Mensch überhaupt?
Nenne in Stichpunkten vier mögliche Gründe!

? *zur Befriedigung der Grundbedürfnisse wie Nahrung usw.* 0,5

? *zur Sicherung bei Krankheit, Unfall oder im Alter* 0,5

? *zur Befriedigung sozialer Bedürfnisse* 0,5

? *wegen des Strebens nach Anerkennung, Macht, Einfluss usw.* 0,5

☞☞ Man unterscheidet zwischen bezahlter und unbezahlter, freiwilliger Arbeit.
Nenne zwei Beispiele hierfür und erläutere sie kurz!

? *Unter bezahlter Arbeit versteht man in der Regel die Arbeit, die man als Beruf ausübt, und zwar in der Hauptsache, um seine oben genannten Grundbedürfnisse wie Nahrung, Wohnung, Kleidung usw. befriedigen zu können.* 2

? *Arbeit muss und kann sogar nicht immer bezahlt werden. Ich denke hier in erster Linie an die Hausarbeit der Mütter, die Kinder erziehen, waschen, bügeln und kochen müssen. Unsere Gesellschaft wäre auch nicht lebensfähig ohne die vielen ehrenamtlichen Arbeitskräfte in sozialen Diensten, in Vereinen usw.* 2

☞☞ Die Bereitschaft für gesellschaftliches Engagement ist nicht sehr groß.

a) Welche Gründe könnten dich überzeugen, ein Ehrenamt zu übernehmen?
Nenne drei! →

Name: Klasse: Datum:

	mögliche Punkte	erreichte Punkte
? *Manche Erwachsenen nehmen ein Ehrenamt in Vereinen auf sich, um Jugendlichen eine sinnvolle Freizeitbetätigung zu ermöglichen, ohne die sie auf der Straße stünden und Gefahren ausgesetzt wären, für die dann letztendlich die Gesellschaft wieder gerade stehen müsste.*		
? *Manche junge Menschen engagieren sich in Ehrenämtern, z. B. bei der Freiwilligen Feuerwehr, weil sie dort Gleichgesinnte kennen lernen und regelmäßig treffen, mit denen sie gemeinsam etwas erleben können.*		
? *Oftmals gibt es auch soziale Gründe, die Menschen einander helfen lassen. Sie sehen als Lohn ihrer Tätigkeiten eine Bereicherung ihres eigenen Lebens und ermöglichen dadurch vielen in unserer Gesellschaft ein einigermaßen lebenswertes Dasein.*	3	
b) Gib in einem Leserbrief (Schülerzeitung) Tipps, wo und wie sich auch Jugendliche ehrenamtlich betätigen können! Schreibe auf der Rückseite weiter! (ca. 1/2 Seite)		
Knete, Spaß und täglich einen drauf machen - ist das alles in deinem Leben?		
Ganz gewiss nicht. Jeder Mensch braucht eine gewisse Erfüllung in seinem Leben und nur Spaß wird auf Dauer langweilig.		
Such dir doch statt dessen einen Job bei der Jugendfeuerwehr! Dort triffst du Typen, mit denen du durch dick und dünn gehen kannst und leistest ganz nebenbei eine sinnvolle Aufgabe für die Gesellschaft. *Oder mach dich stark für die Omas und Opas in den Alten- und Pflegeheimen! Denen bereitest du ganz bestimmt eine große Freude, auch wenn du sie nur einmal pro Woche zu einem Stadtbummel ausführst.* *Wenn dir verschiedene Entscheidungen des Gemeinde- oder Stadtrats nicht passen, werde doch einfach Mitglied im Jugendparlament!*		
Diese wenigen Beispiele zeigen, dass es eine Vielzahl von Möglichkeiten ehrenamtlicher Betätigungen gibt. Sie ermöglichen dir, neue Erfahrungen mit deinen Mitmenschen zu sammeln, die dein Leben bereichern werden.		
Viel Freude und Erfüllung dabei wünscht dir die *Schülerzeitungsredaktion*	5	
	28	

Name: Klasse: Datum:

Fremdwörter mit „u“

Suche die jeweils passende Bedeutung folgender Fremdwörter. Setze das passende deutsche Wort zum Fremdwort. Bist du fertig, kannst du die Lösungsfelder farbig ausmalen.
unbekanntes Flugobjekt - Dienstkleidung - unerfüllbar - Hochschule - Brauch - allgemein - Vereinigung

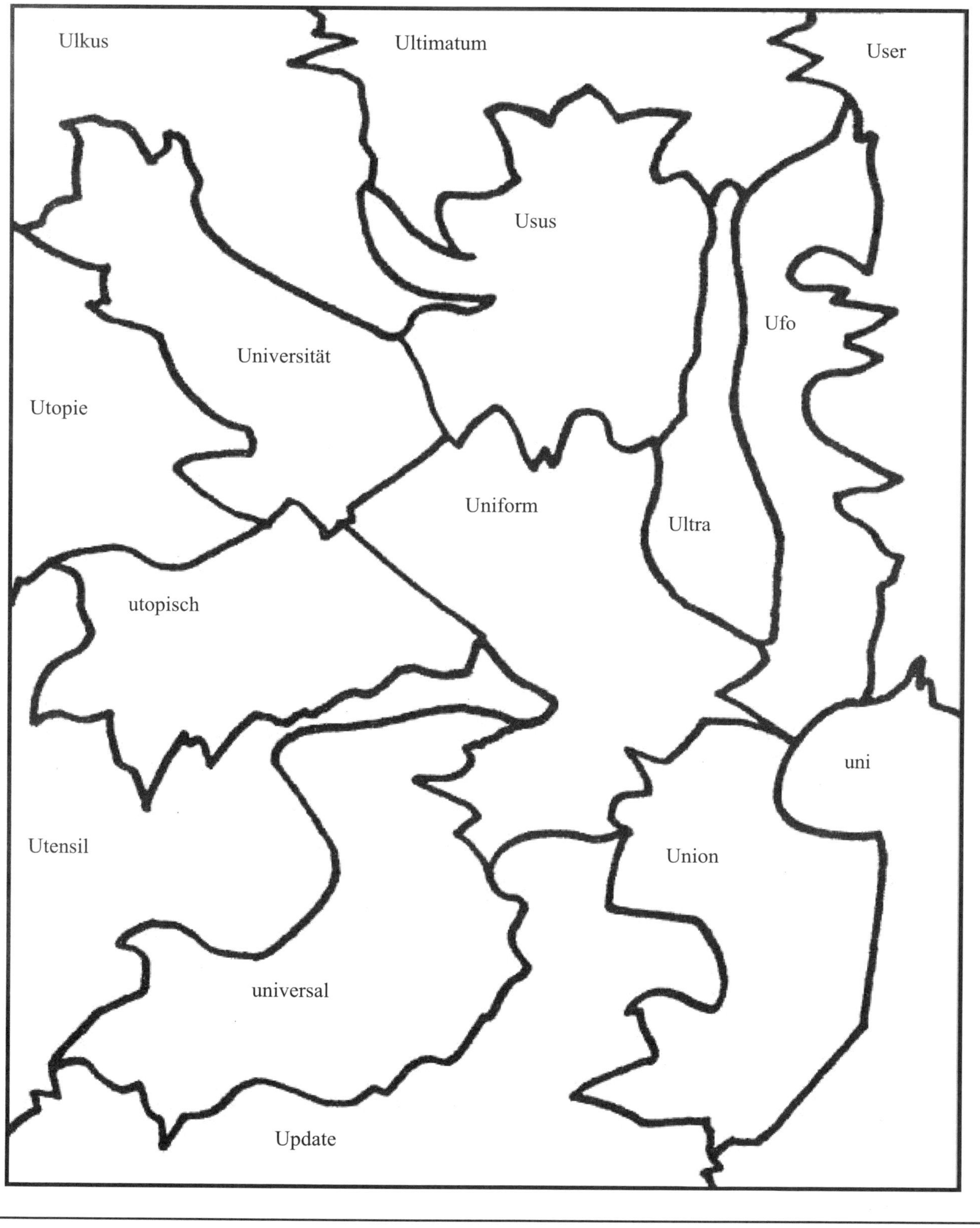

Name: Klasse: Datum:

Fremdwörter mit „u“

(Lösung)

Suche die jeweils passende Bedeutung folgender Fremdwörter. Setze das passende deutsche Wort zum Fremdwort. Bist du fertig, kannst du die Lösungsfelder farbig ausmalen.

unbekanntes Flugobjekt - Dienstkleidung - unerfüllbar - Hochschule - Brauch - allgemein - Vereinigung

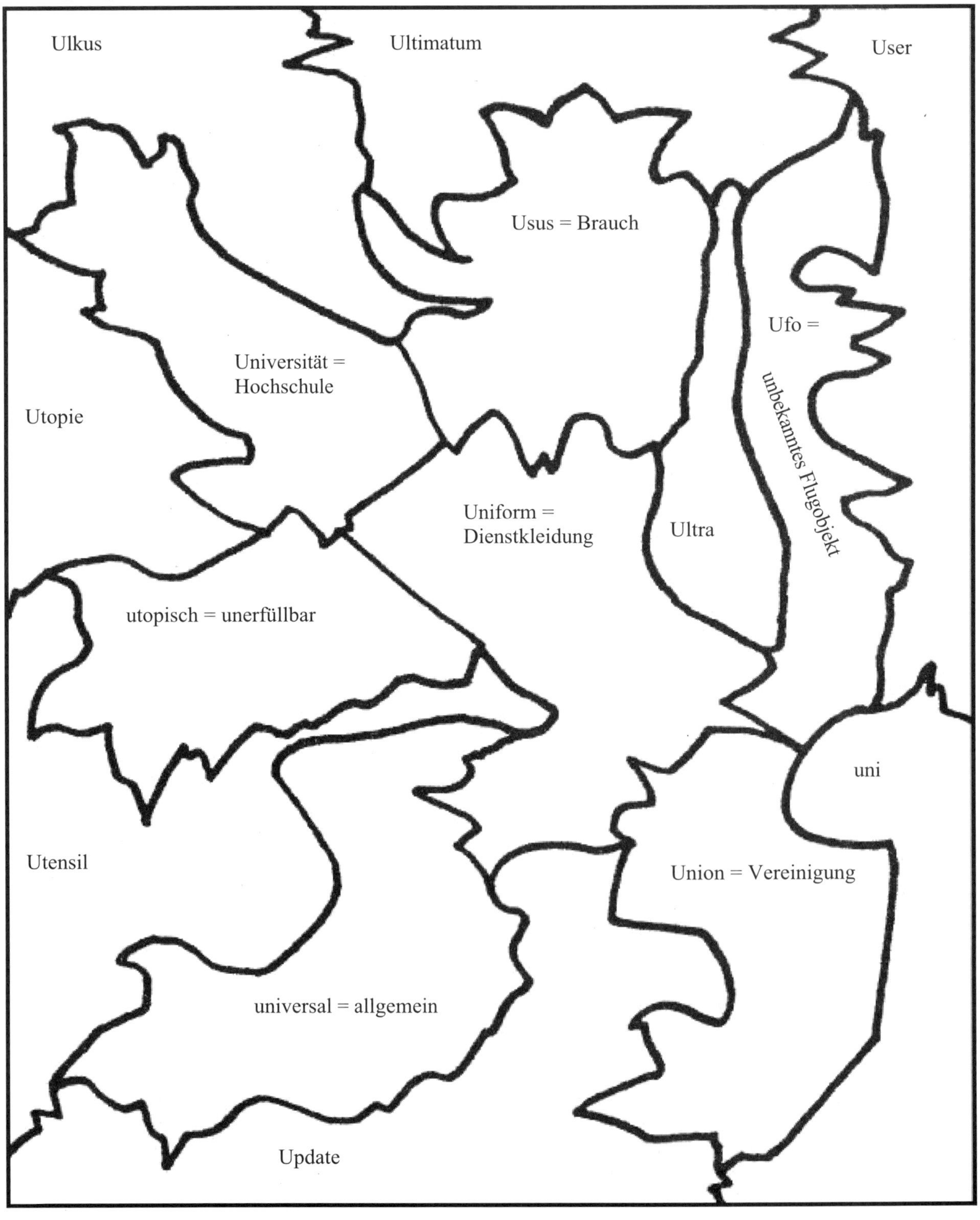

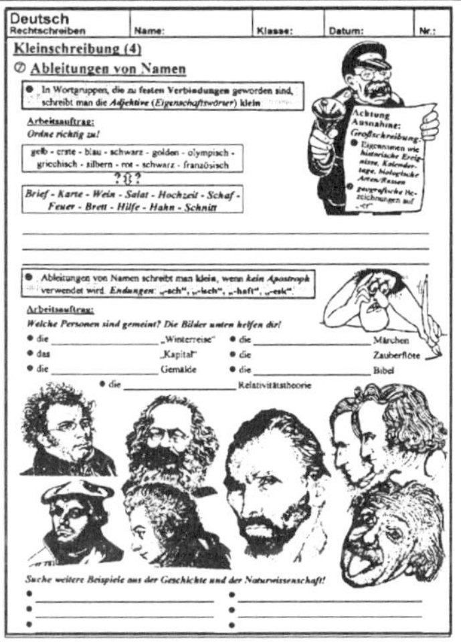
Deutsch Rechtschreiben | Name: | Klasse: | Datum: | Nr.:

Kleinschreibung (4)

② Ableitungen von Namen

Inhaltsübersicht:

Neue Rechtschreibung
S-Laute (s-ss-ß)
Schreibung nach dem Stammprinzip: „e“ oder „ä“
Schreibung nach dem Stammprinzip: Konsonantenverdopplung
Schreibung nach dem Stammprinzip: „äu“ oder „eu“
Konsonantenverdopplungen und -verdreifachungen
Konsonantendrillinge
Großschreibung: Substantive/Substantivierung
Großschreibung: Wochentage/Tageszeiten
Großschreibung: Eigennamen/Ableitungen
Großschreibung: Ableitungen/Anrede
Kleinschreibung: Desubstantivierung
Kleinschreibung: Substantivbezug/Superlativ/Pronomen
Kleinschreibung: Zahladjektive/feste Verbindungen
Kleinschreibung: Ableitungen
Fremdwörter
Zusammenschreibung
Zusammen- und Getrenntschreibung
Getrenntschreibung
Getrenntschreibung mit Bindestrich
Worttrennung
Zeichensetzung
Heitere Übungsdiktate (Schwerpunkt: geänderte Rechtschreibung)
Rechtschreibfälle
„Tod“ oder „tot“?
„wider“ - „wieder“
„end“ - „ent“
Nachschrift: „Benares“
Nachschrift: „Tödliche Gefahr“

Rechtschreibreform: Regelzusammenfassung

Wörterverzeichnis mit Wörtern in der geänderten Schreibung

Rechtschreiben 7-10

Nr. 487 *96 Seiten* €16,90

Inhaltsübersicht:

1. Einführung
1.1 Was ist „Kreatives Schreiben“?
1.2 Ziele des „Kreativen Schreibens“
1.3 Didaktische Orte des „Kreativen Schreibens“
1.4 Praxistipps für Erfolg im kreativen Schreibunterricht
1.5 Literaturvorschläge
1.5.1 Literatur über theoretische Grundlagen mit Praxisvorschlägen
1.5.2 Unterrichtsmaterialien der Freiarbeitsverlage für die Praxis
1.5.3 Literatur mit Vorschlägen für Fantasiereisen
1.6 Musikvorschläge für Meditation, Fantasiereisen und Begleitmusik für die Arbeitsphasen
2. Techniken des „Kreativen Schreibens“ Lehrplanorientierte Beschreibungen, Vorlagen und Beispiele
2.1 Hallo, ich heiße ...
2.2 Ein Wort, viele Gedanken
2.3 ABC-Begriffsspiel
2.4. ABC-Assoziationen
2.5 ABC-Geschichten
2.6 Cluster = Gedankenschwarm = Ideenstern
2.7 Cluster zu Sprichwörtern und Redensarten
2.8 Alliteration
2.9 Anagramm
2.10 Elfchen
2.11 a) Rautengedicht I
b) Rautengedicht II
2.12 Satzballon
2.13 Satzplangeschichte
2.14 Alle Zeilen wieder
2.15 Jede zweite Zeile wieder
2.16 Freunde sind wichtig
2.17 Wirklichkeit und Wunsch
2.18 Im Mittelpunkt
2.19 Bogengedicht
2.20 Fragegedicht
2.21 Gruppengedicht
2.22 Fantasiereise
2.23 Reihum-Geschichte
2.24 Gerüstkurzgeschichte
2.25 Ich-wollt-ich-wär-Geschichte
2.26 Teamgeschichte
2.27 Unsinngeschichte
2.28 Fortsetzungsgeschichte
2.29 Partnergeschichte
2.30 Individualmärchen
2.31 Wer-Wo-Was-Techniken
a) Wer-Wo-Was-Geschichten
b) Wer-Wo-Was-Märchen
Kreatives Schreiben im Lyrikunterricht
2.32 Gedicht-Puzzle
2.33 Gedichtveränderung
2.34 Schriftliche Gedichtreflexion
Kreatives Schreiben in Projekten und Aktionen
2.35 Kreatives Schreiben in Verbindung mit der Jugendbucharbeit
2.36 Klassentagebuch
2.37 Kreatives Schreiben im Rahmen von Projekten
a) 8. Mai 1945
b) Weihnachten
c) Text- und Gedichtband „4 Jahreszeiten“
Kreatives Schreiben vor und zwischen den Stunden
2.38 Kreatives Schreiben nach Bildimpulsen

Kreatives Schreiben 7-10

Nr. 911 *94 Seiten* €16,90

Inhaltsübersicht:

Teil A: Grammatik

I.Wortarten

1. Zeitformen (Tempora) des Verbums
2. Die zwei Aktionsarten des Verbums (Aktiv/Passiv)
3. Die Aussageweisen (Modi) des Verbums
4. Transitive und intransitive Verben
5. Das Substantiv (Nomen)
6. Das Pronomen (Fürwort)
7. Das Adjektiv (Eigenschaftswort)
8. Bildung von Adjektiven aus Nachsilben (Suffixen)
9. Das Partizip (Mittelwort)
10. Das Adverb (Umstandswort)
11. Numerale (Zahlwort) und Präposition (Verhältniswort)
12. Zusammenfassung: Wortarten

II.Satzglieder

1. Subjekt (Satzgegenstand) und Prädikat (Satzaussage)
2. Das Attribut (Beifügung)
3. Das Objekt (Satzergänzung)
4. Das Adverbiale (Umstandsbestimmung)
5. Zusammenfassung: Satzbauglieder

III.Satzbau

1. Die Satzreihe (Satzverbindung)
2. Das Satzgefüge
3. Die Konjunktionen (Bindewörter)
4. Der Gliedsatz (Nebensatz)
5. Tests

Teil B: Wortbedeutungen

1. Ober- und Unterbegriffe
2. Redensarten
3. Modewörter
4. Ursprüngliche und übertragene Bedeutung von Wörtern
5. Die Metapher
6. Homonyme
7. Die Personifizierung
8. Bildhafte Verwendung von Wortinhalten: Lautmalerei
9. Wortfamilie „laufen“
10. Wortfeld „sehen“
11. Wortfeld „kaputt“
12. Wortfeld „fahren“
13. Wortfeld „groß“
14. Die Leitungen der Vorsilbe „ver-“
15. Bilden von Verben und Adjektiven durch Ableitungen
16. Bilden von Verben, Substantiven und Adjektiven durch Ableitungen
17. Gegenwörter

Sprachlehre 7/8

Nr. 483 *96 Seiten* €16,90

DEUTSCH Sprachlehre/-kunde

Das Mittelhochdeutsche (1)

Wichtige Dichter dieser Zeit und bekannte Werke:

● Hartmann von Aue (um 1168 - 1210):

● Wolfram von Eschenbach (um 1170 - nach 1220):

● Gottfried von Straßburg (2. Hälfte des 12. Jh. - ca. 1210):

● Walther von der Vogelweide (ca. 1170 - ca. 1230):

● Wernher der Gärtner (2. Hälfte des 13. Jh.):

● Oswald von Wolkenstein (1377-1445):

● Das Nibelungenlied (ca. 1200):

Inhaltsübersicht:

I. Überblick über die Sprachentwicklung
1. Überblick über die Sprachentwicklung (1)
2. Überblick über die Sprachentwicklung (2) 3. Das Vaterunser
4. Das Indogermanische
5. Das Germanische
• Die Merseburger Zaubersprüche
• Das Wessobrunner Gebet
• Die Edda
• Das Hildebrandslied
6. Das Mittelhochdeutsche (1)
• Nibelungenlied
• Wolfram von Eschenbach: Parzival
• Das Minnelied (1)
• Das Minnelied (2)
7. Das Mittelhochdeutsche (2)
8. Erbwörter
9. Lehnwörter
10. Fremdwörter
II. Sinnfiguren/Wortbedeutungen
1. Allegorien
2. Wortbedeutungen
3. Denotation/Konnotation
4. Synonyme
5. Sprachbilder
6. Modewörter
7. Neuwörter/Unwörter
8. Wortfamilien
9. Gegenwörter
10. Begriffe verstehen
III. Grammatik
1. Präfixe
2. Suffixe
3. Konjunktionen
4. Nominal- und Verbalstil
5. Nebensätze
6. Indikativ - Konjunktiv
IV. Fach- und Sondersprachen
1. Kommunikation
2. Zeichensprache
3. Sprache des Sports
4. Amtssprache
5. Standardsprache - Umgangssprache - Dialekt

Sprachlehre 9/10

Nr. 486 *128 Seiten* €18,90

Deutsch

Stundenbilder

362 7. Schuljahr *160 S.* ✍ 20,90
363 8. Schuljahr, *160 S.* ✍ 19,90
401 9. Schuljahr, *148 S.* ✍ 19,90

Deutsch integrativ

942 7. Schuljahr *118 S* ✍ 18,50
943 8. Schuljahr *150 S.* ✍ 20,90
944 9. Schuljahr *1 60 S.* ✍ 21,50

Rechtschreiben

487 Rechtschreiben 7.-10., *96 S.* ✍ 16,90
393 Rechtschreibstrategien 7.-9. ✍ i.V.
543 Mein Rechtschreib-Regelheft
Schülerheft, *48 S. DIN A 4* ✍ 9,90
Im Klassensatz nur 6,90

Nachschriften/Diktate UP

mit abwechslungsreichen Übungen zu den einzelnen Nachschriften. Die Texte greifen Themen aus den Sachfächern auf.

906 7./8. Schuljahr, *96 S.* ✍ 16,90
907 9./10. Schuljahr, *96 S.* ✍ 16,90

Sprachlehre

434 Sprachlehre 7.-10. *136 S.* ✍ 19,90
483 Sprachlehre KP 7./8. *96 S.* ✍ 16,90
486 Sprachlehre KP 9./10. *128 S.* ✍ 18,90
988 Sprach-Spiel-Spaß 7.-9. *66 S.* ✍ 14,50

Aufsatzerziehung

523 Aufsatzkorrektur-leicht gemacht 5-10 ✍ 20,50
Praktische Hilfen zur gerechten Bewertung
864 7./8. Schuljahr ✍ 21,50
mit Stundenbildern, 160 S.
865 9./10. Schuljahr ✍ 21,50
mit Stundenbildern, 160 S.
911 Kreatives Schreiben 7.-10. ✍ 16,90
Techniken, Tipps, Schülerbeisp. 96 S.
976 Aufsatz - mal anders 7.-10. *80 S.* ✍ 15,90
482 Aufsatz 7./8. *80 Seiten* ✍ 15,90

485 Aufsatz 9./10. *96 Seiten* ✍ 16,90

Begleithefte zu aktueller Jugendliteratur

914 Jugendbücher 9./10. *106 S.* ✍ 15,90

Gedichte

427 7.-9. Schuljahr 17,90
122 Seiten, 17 Gedichte z.B. von Kästner, Rilke, Britting Tucholsky, Fontane, Bachmann, Eichendorff...
510 10. Schuljahr ✍ 15,90
92 Seiten, 16 Gedichte z.B. von Goethe, Hölderlin, Benn, Brecht, Celan, Hesse, Heym, Huchel, Kästner, George...

Literatur/Lesen

570 Kurzgeschichte Band I ✍ 18,50
Texte v. Borchert, Böll, Lenz, Gaiser, Dürrenmatt, Langgässer...
120 S., 15 StB, 20 AB, 13 FV
526 Kurzgeschichte Band II ✍ 18,50
Texte v. Eich, Schnurre, Bender, Andres, Borchert, Böll..., 124 S.
571 Erzählung, *104 S.* ✍ 17,50
572 Fabel/Parabel/Anekdote ✍ 21,50
160 S., 22 StB, 23 AB, 23 FV
573 Märchen/Sage/Legende, *176 S.* ✍ 21,90
574 Satire/Glosse.../Schwank ✍ 16,90
96 S., 13 StB, 14AB, 14 FV
577 Novelle ✍ 20,90
152 S., 5 Novellen von G. Keller, J. Gotthelf, G. Hauptmann, A. v. Droste-Hülshoff, E.T.A. Hoffmann
578 Roman ✍ 21,50
172 S., Abenteuer-Roman, Jugend-Roman, Zukunfts-Roman, Kriminal-Roman, Entwicklungs-Roman, Gesellschafts-Roman
579 Lyrik ✍ 19,90
136 S., 18 Gedichte von Mörike, Hesse, Brecht, Fontane, Goethe, Schiller, Kaschnitz, Jandl...
580 Texte aus den Massenmedien ✍ 20,50
144 S., Kommentar, Nachrichten, Reportage, Bericht, Werbung - aus Zeitungen, Magazinen, TV, Rundfunk
581 Triviale Texte *136 S.* ✍ 19,90
526 Textknacker 7.-9. ✍ 17,50
Lesetexte besser verstehen, 102 S.
538 Gründlicher lesen-besser verstehen mehr behalten, *78 S.* ✍ 14,90
999 Liebe-und jeder meint was anderes
25 Geschichten zum Lesen und Diskutieren
54 S. ✍ 12,50

Mathematik

Stundenbilder

340 7. Schuljahr, *160 S.* € ✍ 21,50
Dezimalbrüche, Prozentrechnung, Terme/Gleichungen, Größen, Proportionalität
341 8. Schuljahr, *164 Seiten* € ✍ 21,50
Taschenrechner, Prozentrechnung, Zinsrechnung, Gleichungslehre...
342 9. Schuljahr, *158 Seiten* € ✍ 21,50
Geschwindigkeitsaufgaben, Verhältnisrechnung, Gleichungen,...

Geometrie

343 7. Schuljahr *134 S.* € ✍ 18,90
Dreiecke, Vierecke, Gerade Prismen,
344 8. Schuljahr, *144 Seiten* € ✍ 19,90
Vielecke, Kreis, gerade Körper
345 9. Schuljahr, *138 Seiten* € ✍ 19,90
Konstruktionen, Pythagoras, gerade und spitze Körper, zusammengesetzte Körper Übungen und Rechenspiele

Lernzielkontrollen

Proben in Mathematik und Geometrie

328 7./8. Schuljahr, *86 S.* € ✍ 15,90
986 9. Schuljahr, *77 S.* € ✍ 15,50

Mathe-Kartei 7.-10. Schuljahr

Übungsaufgaben mit Lösungen zur Lernzielkontrolle, Wiederholung, Partner- u. Freiarbeit

854 Zuordnungen/Einführung $ 6,90
897 Zuordnungen/weiterf. Aufgaben $ 6,90
855 Größen/Rationale Zahlen $ 6,90
856 Prozentrechnen/weiterf. Aufgaben $ 6,90
899 Bruchrechnen $ 6,90
915 Regelmäßige Vierecke $ 6,90

Konzentration/Denksport

Geistreiche und vergnügliche Denkspiele, nicht nur für den Mathematikunterricht

873 Gripsfit 7.-10. Schulj., *78 S.* ✍ 15,90

Religion

Unterrichtspraxis Kath. Religion

918 Religion UP 7., *144 S.* ✍ 20,50
623 Foliensatz zu Religion 7. $ 9,90
919 Religion UP 8. *130 S.* ✍ 19,50
618 Religion UP 9./10., *144 S.* ✍ 20,50

Ethik

UP nach Themenkreisen

614 In sozialer Verantwortung leben und lernen *110 S.* ✍ 17,90
615 Weltreligionen unter religiösen und sozialethischen Gesichtspunkten *120 S.* ✍ 18,50
616 Nach ethischen Maßstäben entscheiden und handeln *88 S.* ✍ 16,50
617 Ethische Grundfragen in der Literatur *102 S.* ✍ 17,50

Erdkunde

Stundenbilder

331 Asien und Afrika ✍ 21,50
160 S., 19 StB, 30 AB, 18 FV
333 Amerika ✍ 21,50
Topographie,...160 S.
330 Entwicklungsländer ✍ 19,90
138 S.
332 Naturkatastrophen ✍ 20,50
144 S.
870 Russland/GUS ✍ 15,90
661 Folien zu Russland/GUS 21,50
9 Farbfolien, 36 Schwarzweißfolien

Geschichte

Stundenbilder

312 Neuzeit bis Ende 18. Jahrhundert
176 S. ✍ 21,90
831 19. Jahrhundert u. Imperialismus
112 S. ✍ 18,50
832 I. Weltkrieg u. Weimarer Republik
128 S. ✍ 19,50

€ = Alle Aufgaben in Euro und Cent
$ = Sonderpreistitel
✍ = Neue Rechtschreibung